中南民族大学学术创新团队经费项目资助
（项目号：312-XTS24008/民族品牌传播研究创新团队）

品牌识别

战略规划与创意赋能

鲍建强 著

BI

BRAND IDENTITY

品牌识别是战略品牌创建的核心，
为品牌指明了方向、目标和意义，驱动着顾客的品牌联想。
企业实施品牌战略，创建强势品牌，必须从品牌识别开始。

中国社会科学出版社

图书在版编目(CIP)数据

品牌识别:战略规划与创意赋能/鲍建强著. —北京:中国社会科学出版社,2024.7(2026.1重印)

ISBN 978-7-5227-3438-5

Ⅰ.①品… Ⅱ.①鲍… Ⅲ.①品牌战略—研究 Ⅳ.①F272.3

中国国家版本馆CIP数据核字(2024)第073782号

出 版 人 季为民
责任编辑 陈肖静
责任校对 夏慧萍
责任印制 戴 宽

出 版 中国社会科学出版社
社 址 北京鼓楼西大街甲158号
邮 编 100720
网 址 http://www.csspw.cn
发 行 部 010-84083685
门 市 部 010-84029450
经 销 新华书店及其他书店

印刷装订 北京君升印刷有限公司
版 次 2024年7月第1版
印 次 2026年1月第2次印刷

开 本 710×1000 1/16
印 张 14.75
字 数 201千字
定 价 89.00元

凡购买中国社会科学出版社图书,如有质量问题请与本社营销中心联系调换
电话:010-84083683

目　录

前　言

品牌作为国家经济实力和民族财富的象征，不仅代表了国家产业的高端水平，也代表了国家的国际形象，承载着重构民族自尊心和自信心的历史责任。2014 年，习近平总书记就提出要推动“中国产品向中国品牌转变”；2018 年，国务院正式将每年的 5 月 10 日确定为“中国品牌日”，将品牌建设提升至国家战略层面。

为了适应新时代国家战略要求，2022 年，国家发展改革委等七部门联合印发《关于新时代推进品牌建设的指导意见》。2023 年 6 月，工业和信息化部印发《关于开展 2023 年工业和信息化质量提升与品牌建设工作的通知》；农业农村部印发《关于开展 2023 年农业品牌精品培育工作的通知》；等等。支持企业实施品牌战略，建立品牌管理体系，提升品牌策划设计水平，打造品牌核心价值和品牌竞争力。

近年来，知名品牌咨询机构 Interbrand 发布的全球最佳品牌及最佳中国品牌榜中，小米、华为、腾讯、阿里巴巴、京东、比亚迪等品牌名列其中。然而，相较于发达国家，我国品牌在数量和质量上仍存在较大差距，中低端产品的“价格战”现象仍然普遍存在。

随着新一轮科技革命和产业变革的深入发展，人工智能技术（AI）正加速品牌创新。时代在变，商业环境在变，但品牌建设的逻辑却没有发生根本改变。品牌作为企业的无形资产，拥有强势品牌意味着企业拥有一笔价值不菲的无形财富。强势品牌能够获得更大的市场份额和更高的品牌溢价，从而实现利润增长和长期健康发展，这也是企业创建品牌的最大驱动力之一。

如今，众多企业管理者都迫切关注品牌建设，投入了大量时间和资源来巩固和扩大自己的品牌资产，期望将品牌作为企业开拓市场、赢得竞争的有力工具。然而，实践中，很多人并没有真正理解品牌和品牌化的本质，也缺乏品牌创建和管理的系统方法。

品牌识别是战略品牌创建（品牌化）的核心内容，阐释了品牌的独特性和价值，驱动着顾客的品牌联想（品牌资产的重要维度之一）。为了实现品牌化的战略目标，企业管理者需要从一开始就建构清晰的品牌识别，将品牌识别作为战略品牌创建的基础和关键环节，并以此确立品牌发展的方向、目标和意义。

国内目前有关品牌识别的专著，主要集中在传统的企业形象识别层面，仅关注了企业理念识别、行为识别和视觉识别等领域，其重心主要是企业内部规范管理。国际前沿的品牌理论认为，品牌识别应建立在战略品牌管理基础上，重在消费者的品牌认知、联想和共鸣。本书深化并发展了品牌识别系统、品牌心智定位、品牌识别设计相关理论，创造性地提出了“基于战略制定者的品牌识别规划模型”及相关知识体系，填补了国内品牌识别理论专著的空白。

建立清晰的品牌识别，需要从三个方面“由内而外”展开，分别是品牌识别系统、品牌心智定位和品牌识别设计。品牌识别系统是符号系统和价值系统的集合，传达品牌所代表的事物和承诺，建立顾客对品牌的记忆和联想，确保品牌识别的一致性、连贯性。品牌心智定位是品牌识别系统的子集，是营销战略的核心。其作用是通过抢占品牌在潜在顾客心智中的差异化价值点，使品牌成为顾客心智中某个类别或某种特性的代表品牌，从而改变顾客选择偏好，赢得潜在顾客选择。品牌识别设计是符号沟通层面的创意赋能，通过品牌名称、标志和视觉识别系统等要素，传达品牌的独特个性和价值。

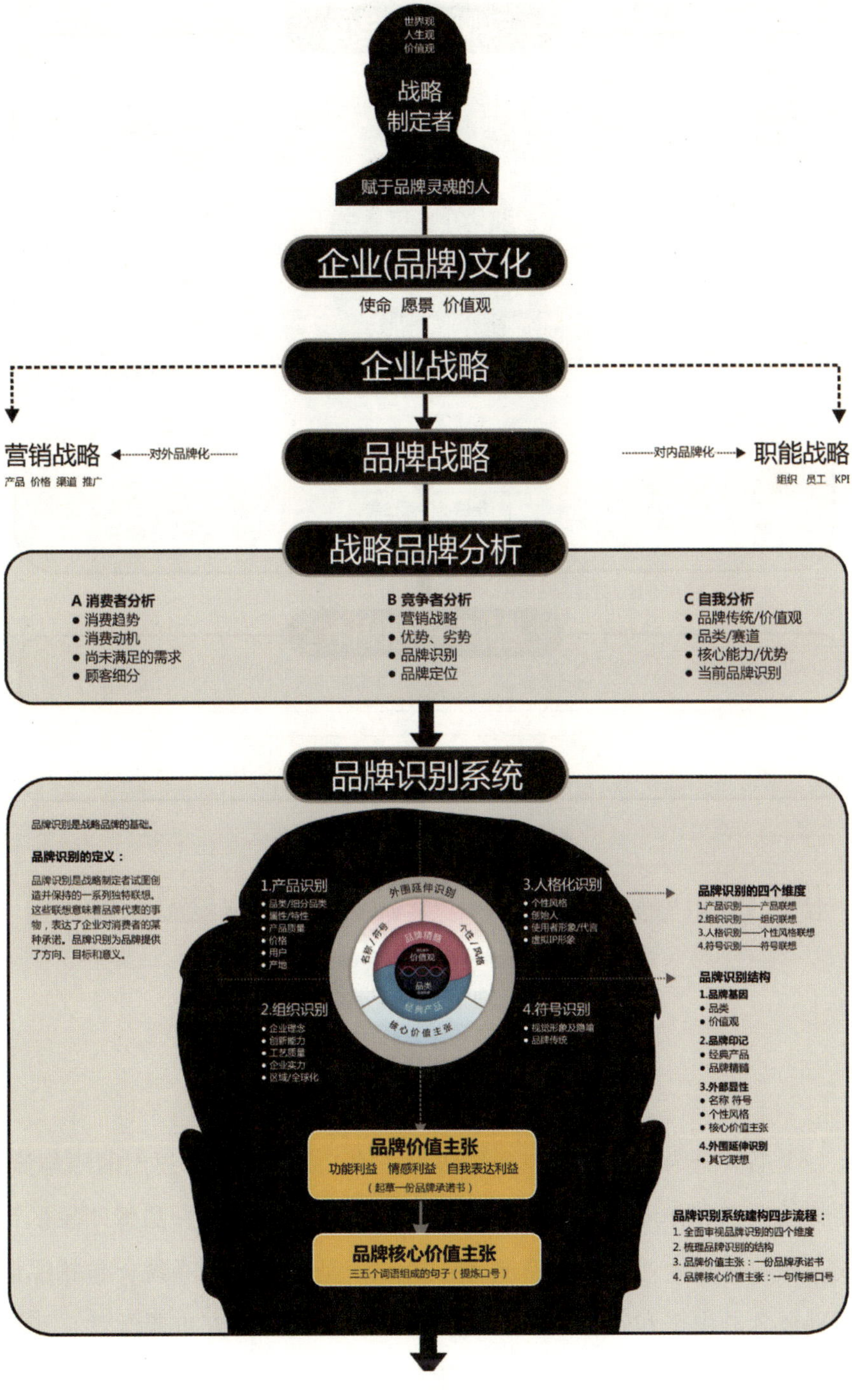
世界观
人生观
价值观
战略
制定者
赋于品牌灵魂的人
企业(品牌)文化
使命 愿景 价值观
企业战略
营销战略
对外品牌化
产品 价格 渠道 推广
品牌战略
对内品牌化
职能战略
组织 员工 KPI
战略品牌分析
A 消费者分析
• 消费趋势
• 消费动机
• 尚未满足的需求
• 顾客细分
B 竞争者分析
• 营销战略
• 优势、劣势
• 品牌识别
• 品牌定位
C 自我分析
• 品牌传统/价值观
• 品类/赛道
• 核心能力/优势
• 当前品牌识别
品牌识别系统
品牌识别是战略品牌的基础。
品牌识别的定义：
品牌识别是战略制定者试图创造并保持的一系列独特联想。这些联想意味着品牌代表的事物，表达了企业对消费者的某种承诺。品牌识别为品牌提供了方向、目标和意义。
1.产品识别
• 品类/细分品类
• 属性/特性
• 产品质量
• 价格
• 用户
• 产地
2.组织识别
• 企业理念
• 创新能力
• 工艺质量
• 企业实力
• 区域/全球化
外围延伸识别
名称／符号
个性／风格
价值观
品类
经典产品
核心价值主张
3.人格化识别
• 个性风格
• 创始人
• 使用者形象/代言
• 虚拟IP形象
4.符号识别
• 视觉形象及隐喻
• 品牌传统
品牌识别的四个维度
1.产品识别——产品联想
2.组织识别——组织联想
3.人格识别——个性风格联想
4.符号识别——符号联想
品牌识别结构
1.品牌基因
• 品类
• 价值观
2.品牌印记
• 经典产品
• 品牌精髓
3.外部显性
• 名称 符号
• 个性风格
• 核心价值主张
4.外围延伸识别
• 其它联想
品牌价值主张
功能利益 情感利益 自我表达利益
（起草一份品牌承诺书）
品牌核心价值主张
三五个词语组成的句子（提炼口号）
品牌识别系统建构四步流程：
1. 全面审视品牌识别的四个维度
2. 梳理品牌识别的结构
3. 品牌价值主张：一份品牌承诺书
4. 品牌核心价值主张：一句传播口号

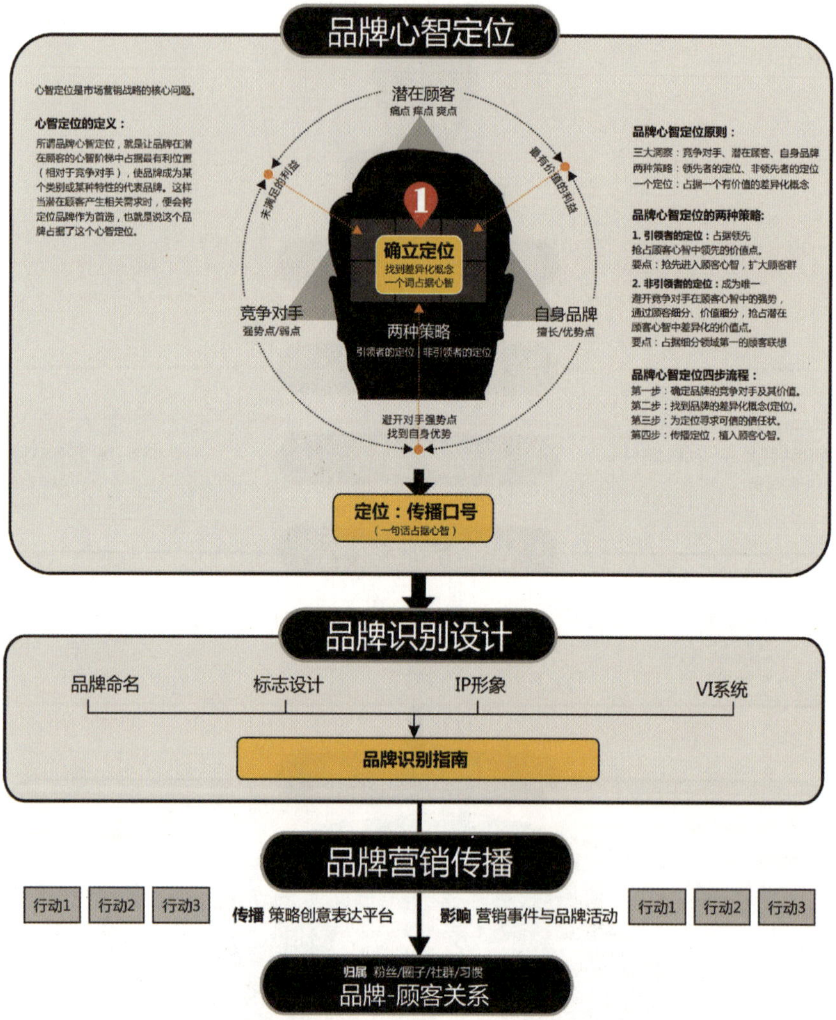

基于战略制定者的品牌识别规划模型

全书共分为五章。第一章是认识品牌，介绍了品牌思想的源与流、品牌的概念和作用、品牌资产、顾客消费需求与品牌、品牌印象的形成、品牌化对企业的战略意义等；第二章是品牌识别系统，包括品牌识别概念的由来和定义，重点比较和分析了几位西方重要学者（卡普费雷尔、戴维·阿克和凯文·莱恩·凯勒）对“品牌识别”的定义，并扩展了品牌识别的内涵，详细分析了品牌识别系统等；第三章是品牌心智定位，包括品牌心智定位的定义、顾客心智的特点、品牌心智定位的方法等；第四章是品牌识别设计，包括品牌命名、标志设计、视觉识别系统等；第五章是品牌识别规划流程，详细介绍了品牌识别策划的操作步骤和方法。

品牌建设既是一门科学，又是一门艺术。本书将品牌理论、商业案例分析及实战经验结合起来，为企业品牌建设提供了一个简洁、系统、可操作的框架。无论是企业管理者还是学术研究者，都可以从本书获得深入而又实用的品牌管理知识，为企业的品牌建设提供有力支持。高等院校的企业管理、市场营销、品牌传播、视觉传达等相关专业的师生，也能从中获得通俗易懂的学习参考。

第一章　认识品牌：形成与价值

2022 年 9 月，全球知名品牌咨询机构 Interbrand 发布了《2022 年度最佳中国品牌》榜单（见图 1 - 1），上榜的中国品牌总价值达到 3.295 万亿元人民币，较去年增长了 9.8%。其中有 6 个品牌的价值超过了千亿级，分别是腾讯、阿里巴巴和中国建设银行，其品牌价值分别为 8611 亿元、6823 亿元和 1892 亿元。[①] 需要注意的是，这里的品牌价值并不是指企业的有形资产价值，而是品牌的无形资产价值。现如今，许多强势品牌的品牌无形资产价值已经远远超过了企业的有形资产价值。这些成功的品牌证明企业实施品牌化是可行的，且具有重大战略意义。

Interbrand 采用专属的品牌价值评估方法计算品牌价值，有三项关键分析要素：一是品牌产品和服务的财务表现，衡量现在及未来的营收、利润、市值；二是品牌在顾客采购决策中承担的角色，衡量顾客购买决策归因于品牌还是其他；三是品牌的竞争力和建立忠诚度的能力，衡量品牌在未来创造可持续的需求和获利的能力。[②]

改革开放四十多年来，中国企业在商业实践中逐渐认识到品牌所蕴含的巨大价值。创建强势品牌已成为企业追求长期价值的重要体现，

---

① https：//interbrand. com/newsroom/interbrand-releases-best-china-brands-2022/.

② Best Global Brands 2022，https：//interbrand. com/best-brands/.

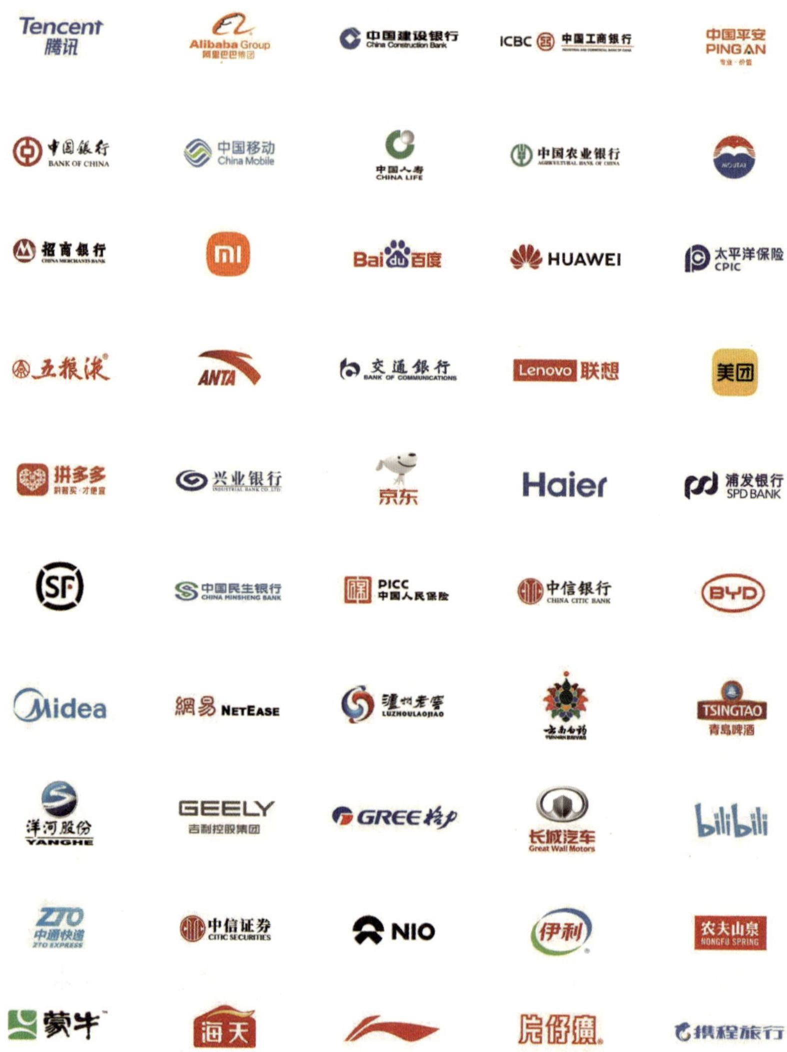

图 1－1　Interbrand 2022 年度中国最佳品牌 50 强

资料来源：https：//interbrand. com/newsroom/interbrand-releases-best-china-brands-2022/。

也是赢得商业竞争的重要战略工具。没有品牌就没有竞争优势，品牌和品牌化已经成为企业发展必须面对的课题。

如今，我们生活在一个品牌的世界中。消费者每天都在接收品牌信息、了解品牌、消费品牌、体验品牌、传播品牌。品牌已经融入了我们的日常生活，就像空气一样无处不在。

然而，“品牌”和“品牌化”的概念并非一开始就存在。企业的品牌意识和消费者的品牌观念都经历了从无到有、由弱到强的演变。品牌思想也经历了从经验管理到科学管理，从混沌到清晰，从单一维度到系统化的过程。

第一节　品牌思想的源与流

“品牌”是一个内涵和外延极其丰富的概念。在当今的品牌咨询领域，概念混乱是一个根本性的问题。① 不仅是业界，学界对品牌及相关概念的理解也有所不同。因此，考察品牌概念的源头和思想流变，有助于我们更好地理解品牌的本质。

品牌（Brand）是一个移植词，与我国古代的“老字号、金字招牌”的含义比较近似。中国人自古就有品牌的观念。作为最早开始陶瓷烧制的国家，中国古代的工匠们经常在陶器上刻上标记，通过文字或符号来标明制造者和产地，方便顾客辨认。这些标记可被视为最早的商品标记。然而，这些标记的意义不仅在于识别，更重要的是有质量保证的意思在里面。我国现存最早的“老字号”有六必居（始于1538年）、陈李济（始于1600年）、张小泉（始于1663年）、同仁堂（始于1669年）、王老吉（始于1828年）等。这些老字号过去仅仅是一家商号，凭借着诚信经营、优质产品以及独特工艺等优势获得了“金字招牌”的美誉。

改革开放以来，“品牌”一词开始在中国传播。20世纪80年代

① ［美］戴维·阿克：《创建强势品牌》，李兆丰译，机械工业出版社2019年版，译者序。

图1－2　我国现存较早的一些“老字号”

国内专业学术杂志中已经出现了“品牌”一词。《辞海》（上海辞书出版社）1999 年第一次在“品”字条目下收录了“品牌”一词。[①]其释义是：“品牌，又称厂牌、牌子，指企业对其提供的货物或劳务所设定的名称、术语、标志、符号、设计，或者它们的组合。主要用于供消费者识别。”现如今，品牌已经成为人们日常生活中的消费象征符号和常用语言，同时也是现代商业竞争的基本单位。现代营销的最高境界是在顾客心智中创建品牌，营销的精髓就是创建强势品牌。[②]

“品牌”从原始意义、早期商业术语演变为现代学术理论和思想，经历了早期的思想萌芽和商业实践（19 世纪至 20 世纪中叶），学术界早期的理性探索（20 世纪 50—80 年代），现代品牌理论形成（20 世纪 80 年代以后）三个阶段。

一　早期的思想萌芽和商业实践：19 世纪至 20 世纪中叶

1. 品牌（Brand）的原始意义

“品牌”这个术语的起源可以追溯到古斯堪的纳维亚语中的

① 安青虎：《驰名商标和中国的驰名商标保护制度》，商务印书馆 2009 年版，第 356 页。
② 卢宏泰：《品牌思想史》，机械工业出版社 2020 年版，第 3 页。

“Brandr”一词，意为烧灼、烙印。这个词最初是用来表示在牲畜身上的烙印，用于标记和辨识牲畜的所有者。由此可见，品牌最早的含义是指烙印或标记，用于区分不同的产品，并将其与其他事物区分开来。烙印和标记是品牌最初的含义，其作用是分类、识别和区分。[①] 在中世纪的欧洲，手工艺匠人（如皮衣、皮具制作者）利用这种烙印方法在自己的产品上打上标记，以便顾客辨认产品的产地和生产者。因此，“品牌”作为一种用于识别某个生产者的产品（与其他生产者的产品区别开来）的手段，已经存在了上千年。

图 1－3　烙印在牲畜上的标记

资料来源：https：//sports. qq. com/a/20170911/004774. htm。

在过去的一个多世纪里，“品牌”从一个原始词语逐渐演变为商业领域中的重要术语，并成为人们熟知的商品象征符号和商业思想。这种演变主要源于一些具有标志性的商业实践，引发了人们对品牌商业价值的关注和思考。

2. “标记符号”能促进销售的价值被发现

1851 年，宝洁公司是一家专门生产蜡烛的企业。为了区别其他公司的货物，宝洁的销售人员将一个巨大的“圆五星”符号画在帆布上。令人惊讶的是，商品立即被分销商抢购一空。这一现象也引起了

① ［美］艾伦·亚当森：《品牌简单之道》，姜德义译，中国人民大学出版社 2007 年版，第 36 页。

其他商家的注意，并认识到这种标记有助于促进销售，纷纷效仿并标记了自己的商品。[①] 这个商业案例揭示了一个重要的事实，即在商品上加上标记符号可以有效地推动销售。然而，这一现象当时没有得到学者的总结和研究，也没有广泛传播和推广。这种经验和方法仅在企业之间相互学习和借鉴，从而得到了较为缓慢的流传。

图 1－4　宝洁的“圆五星”符号

资料来源：https：//baijiahao. baidu. com/s？ id = 1653288230631792527&wfr = spider&for = pc。

3. 产品品牌化的先行者：象牙香皂的商业实践案例

1881 年，为了保持竞争优势，宝洁公司决定尝试命名一款全新产品——香皂，并为其设计一个标志，以确保产品的独特性。在这一理念的指引下，他们推出了“IVORY（象牙）”香皂，并通过广告宣传大获成功。[②] 这一思想逐渐成为其他众多企业的范例，如可口可乐和百事可乐等公司纷纷为其产品命名并设计专属标志。

霍普金斯在 1927 年指出，能够有效传达商品信息的“名称”就是一种得天独厚的优势，有些名称本身就具有广告效果。因此，给产品命名和设计标志被视为现代企业实施品牌化的第一步。象牙香皂的案例是非常有代表性的商业行为，对企业家品牌意识的觉醒起到了重

① 卢宏泰：《品牌思想史》，机械工业出版社 2020 年版，第 30 页。

② ［美］戴维·阿克：《管理品牌资产》，吴操进、常小虹译，机械工业出版社 2019 年版，第 2 页。

要的作用，也为品牌思想的研究和发展提供了宝贵的实践案例。

图 1-5　宝洁公司的"象牙"牌香皂

资料来源：http：//www. 333cn. com/graphic/hyzx/127386. html。

4. 品牌经理制度的出现标志着品牌商业实践的深入发展

1931 年，美国宝洁公司引入了品牌经理制度，即"一个品牌，一位经理"的模式，类似于品牌的首席执行官。[①] 这意味着一个公司会有多个品牌经理，每个品牌经理负责自己品牌的销售、渠道和广告，同时也负责协调相关的生产工作。这种制度有效推动了企业的运营效率，带来了巨大的业绩增长。此外，一个企业拥有多个独立命名的产品，使得这些产品与企业紧密联系但又相对独立。这种管理方法在当时非常具有创新意义，使品牌和品牌化的思想变得清晰起来。

通过上述企业早期的创新探索和商业实践，我们深切认识到企业家的实践经验有多么宝贵。这些经验和案例成为学者们研究品牌思想的重要对象，为品牌发展提供了宝贵的案例和实证依据。

---

① 卢宏泰：《品牌思想史》，机械工业出版社 2020 年版，第 36 页。

5. “品牌（Brand）”术语最早出现在营销学教材中

市场营销学的起源可以追溯到20世纪初。根据学者的考证，“品牌”一词最早出现在20世纪20年代左右的营销学文献中。值得注意的是，在1927年出版的一本营销教科书中，可以找到一些关于品牌化（Branding）的术语。然而，当时的品牌和品牌化只是作为营销领域的术语使用，并没有学者专门进行研究，也没有明确定义。

6. 企业识别系统：推动企业无意间地走向品牌化

一是企业视觉识别系统（VIS）发挥着关键作用，为后来的品牌视觉识别系统奠定了基础。早在20世纪初期，一些欧美企业家就开始认识到统一标志和视觉识别的力量，并广泛应用于企业内部、产品以及传播渠道。到了20世纪50年代，一些欧美大企业为改善企业形象，引入了标准化、系统化的视觉识别管理，以加强消费者对企业和产品的认知，并提升企业的外部形象。实践证明，有统一规范的VIS能显著提升产品市场份额，取得了不俗的销售业绩。这些商业实践也推动了VIS理论的形成。后来的品牌视觉识别系统借鉴了VIS理论的方法，如品牌命名、品牌标志设计、品牌基础系统规范和应用系统规范等。

二是企业识别系统（CIS）为企业品牌化奠定了基础。随着一些大企业对VIS的应用，企业意识到仅有外在的视觉识别形象是不够的，VIS理论开始向深入发展，从“外而内”向系统化发展。有学者提出了CIS企业识别系统的三层“洋葱”结构，即理念识别、行为识别和视觉识别。[①] 通过建立良好的企业识别，可以显著提升消费者对企业的认可度，并取得卓越的销售业绩。在这一时期，消费者也认识到企业的文化内涵和规范识别代表了企业的实力和品质。因此，一些企业开始密切关注消费者和行业的变化，更加重视企业识别建设。

---

① 张毅、王立峰：《标志与CIS设计》，重庆大学出版2018年版，第61页。

企业和组织识别是品牌识别系统的关键组成部分（品牌识别系统还包括产品维度、人格化维度和符号维度），为未来品牌识别系统理论的发展奠定了基础。例如，企业的使命、愿景和价值观构成了品牌识别系统中组织识别和组织联想的重要元素。

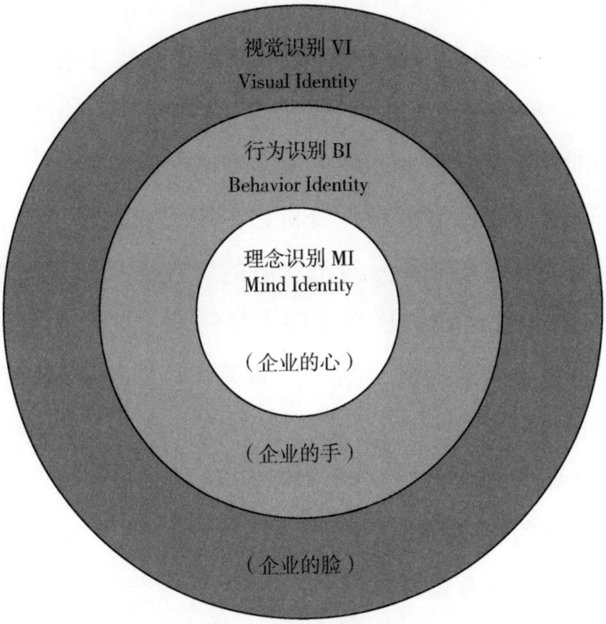

图 1－6　企业识别系统 CIS

由此可见，部分企业在早期的商业尝试中无意间推动了企业品牌化的发展，这是一种不自觉的尝试。根据《美国商业周刊》的数据，全球百强品牌中约有 30% 创立于 1900 年之前。这显示了品牌学术研究比商业实践晚了至少 100 多年。在没有品牌理论的时代，那些百年企业又是如何成功打造品牌的呢？他们依靠的是经营实践中的商业智慧和创新意识，并借助广告公司和媒体等外部力量，摸索出了一条“经验化的品牌创建方法”的道路。①

① 卢宏泰：《品牌思想史》，机械工业出版社 2020 年版，第 29 页。

然而，现代品牌理论的确立和对商业实践的指导，才真正标志着企业品牌建设的科学化和现代化。

二　学术界早期的理性探索：20 世纪 50—80 年代

1. 种子论文的发表

1955 年，加德纳和列维在《哈佛商业评论》上发表了一篇名为《产品与品牌》的种子论文，旨在探究“品牌与产品的区别”，论文强调了“品牌能够给予消费者产品质量之外的微妙感受”。[①] 通过对消费者对产品和品牌的不同看法进行分析，将产品和品牌从概念上加以区分，并凸显了品牌形象和符号对消费者的特殊意义。这篇论文引入了“品牌形象”的重要概念，从而开创了品牌学术研究的先河。这一种子文献引起了业界和学界对“品牌”的关注，推动了品牌理论研究的兴起。[②] 随后，列维又陆续发表了一系列与品牌相关的论文，如《品牌形象的意义》（1957 年）、《贩卖符号》（1959 年）等。然而，在此阶段，关于品牌的研究只以论文形式存在，缺乏有影响力的学术专著，品牌理论和思想还没有形成体系。

2. 大卫·奥格威提出品牌形象理论，并将其引入到营销和广告领域

品牌形象理论受到了列维在该领域研究的启发。20 世纪 60 年代初期，大卫·奥格威提出了品牌形象理论，并将其应用于广告实践中。他认为每一则广告都是对品牌的长期投资。因此每一品牌、产品都应发展和投射一个形象，形象经由推广、广告传达给消费者。消费者购买的不只是产品，还购买品牌承诺的物质和情感利益。因此，该理论将广告推广作为建立良好品牌形象的工具和出发点。然而，奥格威并未对品牌的概念和本质进行系统研究。尽管如此，由于广告行业的快

---

① Gardner, B. B. & Levy, S. J. , *The Product and Brand*, Harvard Business Review, 1955 (3 - 4): 33 - 39.

② 卢宏泰：《品牌思想史》，机械工业出版社 2020 年版，第 57 页。

速发展和奥格威在此领域的影响力使得品牌和品牌形象概念迅速传播，并得到学界和业界的重视。

3. 从以产品为中心转向以顾客为中心的品牌

顾客是因为产品购买还是因为品牌购买，在品牌思想形成过程中学术界存在不同观点。研究发现，在1985年之前，几乎所有品牌都以产品为中心，品牌并未成为营销战略的核心。[①] 这一时期，也没有学者思考品牌是否可能超越产品本身而存在独立的价值。

然而，1985年可口可乐的“新可乐”风波引发了业界和学界的思考。人们开始思考产品一旦离开企业并进入顾客手中，会发生什么变化。尽管品牌由企业创建，但顾客购买、使用、体验、展示和传播品牌，很多品牌得到消费者的喜爱和狂热追求。因此，有学者认为消费者拥有品牌，品牌是消费者日常生活的一部分，没有消费者就没有品牌。这个新观点被称为“以顾客为中心”的品牌思想。1986年，美国的营销学教授帕克，在《营销学报》上发表了学术论文《战略品牌概念》。提出了品牌的消费者价值可以分为三个维度，分别是功能的价值、体验的价值、符号的价值。[②]“以顾客为中心”的理念极大地扩展了品牌价值的范围。

4. 定位理论对品牌定位思想产生了重要而深远的影响

定位理论是一个重要的营销学理论，后来被引入品牌管理领域并有所发展，即品牌定位。品牌领域权威的学者卡普费雷尔、戴维·阿克和凯文·莱恩·凯勒，在其著作中都强调了品牌定位的重要性，并详细阐释了各自对品牌定位的理解和方法。在他们看来，品牌定位是不可或缺的概念，对于品牌管理至关重要。

---

① ［美］芭芭拉·卡恩：《沃顿商学院品牌课：凭借品牌影响力获得长期增长》，崔明香等译，中国青年出版社2014年版，引言。

② Park, C. W., Jaworski, B. J., MacInnis, D. J., *Strategic brand concept-image management*, Journal of Marketing, 1986, 50 (10): 135 – 145.

图 1－7　1985 年，新可乐与可口可乐经典

资料来源：https：//baijiahao. baidu. com/s? id＝1636491360587550449&wfr＝spider&for＝pc。

图 1－8　里斯和特劳特

资料来源：http：//mt. sohu. com/20170619/n497610878. shtml。

1969 年，里斯和特劳特合作发表了《定位：同质化时代的竞争之道》这一种子论文，并于 1981 年出版专著《定位：争夺用户心智的战争》。随后的二十多年里，他们围绕“定位”的概念展开深入研究，陆续出版了一系列专著。早期的定位理论并不成熟，概念定义也比较模糊，更像是一些业界营销实践的经验和观点总结。此理论与商业实践紧密结合，具有很强的实操性。因此，当里斯和特劳特分开发展后，他们对定位概念的“新定义”也有所不同，定位思想也存在一定差异。

定位理论的核心：品牌在与对手的竞争中，如何在潜在顾客心智中实现与众不同，从而赢得潜在顾客的选择，并扩大市场份额。为达成这一目标，战略制定者必须明确竞争对手，并采用洞察顾客心智的方法，在顾客心智中找到一个差异化的价值点，并占据顾客心智中的这个价值点，从而赢得潜在顾客的首选。定位理论的初衷是为广告公司打造一种全新的市场营销工具，如今，它已被学界和业界公认为是市场营销战略的核心问题。[①]

研究表明，在1986年以前，关于品牌研究的经典论文很少。现代品牌理论在当时几乎还是一片未开垦的领域。[②] 通过对学术文献的研究，可以发现，在20世纪前半叶的营销学中，并没有形成关于品牌的理论框架和学术规范。法国著名学者卡普费雷尔认为，20世纪80年代是品牌概念的标志性转折点。[③] 也就是说，现代品牌思想开创于20世纪80年代。

三　现代品牌理论形成：20世纪80年代以后

1. 现代品牌理论形成，源于企业界发现品牌的巨大价值

市场经济刚刚起步阶段，商品相对匮乏，市场竞争并没有现在这么激烈。因此，品牌并不是企业成功的关键因素。随着商业环境的变化，市场竞争日趋激烈，生产过剩、商品过剩以及消费者选择增多，品牌的作用也变得愈发重要。

为了在竞争激烈的市场中脱颖而出并取得成功，企业必须遵守商

---

① ［美］凯文·莱恩·凯勒、沃妮特·斯瓦米纳坦：《战略品牌管理（第5版）：创建、评估和管理品牌资产》，何云、吴水龙译，中国人民大学出版社2020年版，第47页。

② 卢宏泰：《品牌思想史》，机械工业出版社2020年版，第66页。

③ Kapferer，J. N.，*Strategic brand management*，London：Kogan Page，1992，Preface.

业道德，并不断进行创新，以实现长期稳健的发展。在这一过程中，企业逐渐认识到了品牌的重要性，开始注重维护信誉和履行承诺，提高产品的质量和标准。因此，企业开始实施品牌化战略，以加强自身的市场地位和竞争力。

可口可乐前董事长伍德鲁夫曾言："即使全球可口可乐工厂被大火摧毁，只要可口可乐品牌存在，第二天各大银行就会竞相向可口可乐公司提供贷款。"强势品牌具有光环效应和马太效应，能为品牌带来巨大的市场势能和价值。

2. 确立品牌学术的核心：品牌资产

随着商业实践的演变，品牌思想也在不断发展。在20世纪80年代后期，企业之间的并购活动在欧美等地开始迅速增加。在一些大规模并购案中，实际的收购价格远远超过了被收购企业的实物资产价值，甚至高出数倍。这引起了企业高层的深思。他们发现，相比于土地、厂房、设备和现金等有形资产，品牌似乎拥有更高的价值。拥有一个品牌就意味着拥有市场份额，这促使企业家们开始广泛关注其品牌的无形价值。因此，可以说现代品牌学术研究的外部驱动因素就是企业的并购活动和资本市场的作用。①

品牌作为企业的无形资产，改变了其在商业领域的地位，成为学界学术研究的重要研究领域。1988年，美国营销科学研究院确定了以"品牌资产"为核心的品牌学术观点。从此以后，品牌学术研究紧紧围绕这一核心问题展开，打开了通往现代品牌理论和学术研究的大门。② 随着"品牌是公司最重要的无形资产"这一新思想的出现，品牌理论研究逐渐升温，并成为营销学乃至管理学领域中备受关注和重视的学术研究领域之一。

---

① 卢宏泰：《品牌思想史》，机械工业出版社2020年版，第79页。

② ［美］戴维·阿克：《管理品牌资产》，吴操进、常小虹译，机械工业出版社2019年版，前言。

3. 品牌思想的三座高峰

卢宏泰认为，1988 年以后，品牌思想有三座高峰，代表人物分别是卡普费雷尔（法国）、戴维·阿克（美国）、凯文·莱恩·凯勒（美国）三位著名学者。[①]

欧洲品牌权威学者　卡普费雷尔（法）　　品牌资产鼻祖　戴维·阿克（美）　　美国品牌权威学者　凯文·莱恩·凯勒（美）

图 1－9　卡普费雷尔（法国）、戴维·阿克（美国）、凯文·莱恩·凯勒（美国）

卡普费雷尔是欧洲品牌思想的重要代表人物。他在 1991 年首次提出了“战略品牌管理”的概念，并出版了法文版的《战略品牌管理》。其思想是企业视角的业，他认为品牌是一种有条件的资产，离开了产品，品牌就无法存在。因此，他主张将品牌与整个业务结合起来。在其著作中，卡普费雷尔首次提出了“品牌识别（brand identity）”的概念，并将其作为品牌管理的核心概念。他认为品牌不只是产品的名称，而是一种品牌愿景，激励企业以此名称为消费者创造产品和提供服务。而这种愿景、品牌的关键信念和核心价值观被称为品牌识别。[②] 因此，卡普费雷尔的“品牌识别”并不仅仅指标志、符号或视觉识别，而是关乎更深层次的品牌使命、愿景和价值观，也是一种理念层面的识别。

① 卢宏泰：《品牌思想史》，机械工业出版社 2020 年版，第 334 页。

② ［法］让－诺埃尔·卡普费雷尔：《战略品牌管理》（第 5 版），何佳讯等译，中国人民大学出版社 2020 年版，第 151 页。

戴维·阿克被誉为品牌资产的鼻祖，是品牌理论的开山学者。他的品牌理论以市场视角（企业+顾客）为基础，著有《管理品牌资产》（1991年）、《创建强势品牌》（1996年）等专著。在《管理品牌资产》中，他采用了品牌资本化的视角，也是现代品牌理论的出发点和基础。品牌资产模型是定性模型，包括品牌忠诚度、品牌知名度、品牌联想、质量感知和其他专属资产五个方面。而在《创建强势品牌》中，重点论述了如何通过“品牌识别规划模型”来建立强势品牌。然而，戴维·阿克对于“品牌识别”的理解与卡普费雷尔有所不同。他认为，品牌识别是战略制定者试图创造和保持的一系列独特联想。① 因此，与卡普费雷尔所说的标志、符号视觉识别、品牌愿景、信念和价值观的理念识别不同，戴维·阿克的品牌识别是指与品牌相关的所有联想。（详细内容将在第二章中介绍）

1998年，凯文·莱恩·凯勒出版了专著《战略品牌管理》，对现代品牌理论进行了系统性创新，专著被誉为“品牌圣经”。凯勒的品牌思想强调以顾客为中心。他提出的“基于顾客的品牌资产”理论，具有重大意义，他将品牌相关的概念和问题集中在顾客的认知和心智方面。在其品牌理论中，顾客的品牌联想是核心概念，也是其理论体系的基础。他认为，品牌联想通常代表品牌价值的主要来源，通过品牌联想这种方式，顾客感知到品牌能够满足他们的需求。

现代品牌理论源于这三位奠基学者，分别代表了三种学术视角和三种品牌思想的高峰。卡普费雷尔基于企业视角，戴维·阿克基于市场（企业+顾客）视角，凯文·莱恩·凯勒基于顾客视角。这三位学者的著作问世，代表了现代品牌理论大厦的初步成型。② 使品牌的研究和实践从经验化走向科学化。

---

① ［美］凯文·莱恩·凯勒、沃妮特·斯瓦米纳坦：《战略品牌管理（第5版）：创建、评估和管理品牌资产》，何云、吴水龙译，中国人民大学出版社2020年版，第124页。

② 卢宏泰：《品牌思想史》，机械工业出版社2020年版，第340页。

第二节　什么是品牌

一　品牌的定义

学者、从业者和消费者对品牌的定义各有不同，反映了他们的基本思想和看法。品牌的定义可以从两个主要视角出发，即基于品牌资产和基于“品牌—顾客”关系。

明确和理解品牌的定义对于研究学者的思想和学说至关重要。然而，由于学者观点的差异性，不同定义可能会导致概念和理论上的混乱。在本书中，我们将简要介绍学界和业界广泛接受的两种品牌定义，并在必要时进行切换和说明。

1. 美国市场营销协会的定义

广义的品牌（brand，首字母小写）。国际上对品牌有一个公认的定义，即美国市场营销协会的定义，品牌（brand）是一个名称、术语、标志、符号或设计，或是上述元素的组合，用于识别某个销售商或销售商群体的商品或服务，并且使它们与竞争者的商品和服务区分开来。[①] 换言之，品牌是一个或一系列证明产品或服务出处，并区别于竞争对手的符号。这个定义是广义的，采用了 brand 原始符号（标记、识别、分类）的意义，而没有过多考虑品牌的引申意义和内涵。从这个角度来看，只要一个企业给某个产品命名、设计标志、包装，并投放市场，就可以被视为创造了一个品牌。

2. 业界的定义

狭义的品牌（Brand，首字母大写）。狭义的品牌通常指的是那些

① ［美］菲利浦·科特勒、凯文·莱恩·凯勒、亚历山大·切尔内夫：《营销管理》第 16 版，陆雄文等译，中信出版集团 2022 年版，第 278 页。

具有市场影响力和口碑的产品或服务。一般来说，成功的品牌具有更深层次的内涵，如更高的知名度、更好的品质、口碑和更高的销量等。因此，人们更倾向于将那些注重品牌承诺、有影响力的强势品牌称为"品牌"，而对于没有影响力和消费者口碑的产品则不能将其称为"品牌"。这一定义与美国市场营销协会的定义存在差异。业界对品牌的定义更注重强调有市场影响力的强势品牌。

图 1－10　几种品牌的 T 恤

在业界，我们常常听到各种关于品牌的观点和看法。然而，这些观点往往存在局限性，因为品牌的强弱并不是一成不变的，真正能决定一个品牌价值的是其顾客。无论一个品牌多么强势，总会有一些顾客对它不了解或者不喜欢。换句话说，每个顾客都对品牌有着自己独特的认知和看法。因此，品牌并不是某一些公众认为的强势品牌的专有象征符号，而是企业营销人员和消费者的共同概念。所以，我们需要意识到学术上对品牌的定义与大众眼中的"品牌"概念有所不同，我们要根据不同的情境和语言环境，有针对性地加以区分和理解。

二　标志、商标与品牌的区别

标志（logo）。标志是一种重要的视觉符号，用于传递信息和沟通。它在识别和标记方面发挥着关键作用。无论是国家、组织、产品、品牌还是活动，都可以通过标志来进行识别和区分。例如，国徽作为一个国家的标志象征符号，红十字标志代表着医疗和应急救援符号，而奥运会标志则代表着世界体育盛事的符号。企业和品牌也依赖于独特的标志来展示其身份和价值，以建立与消费者之间的联系。因此，品牌标志只是标志的一种类型。

品牌标志的核心功能是识别和标记。它通过个性化的视觉符号来指代和代表特定的对象。标志通常通过文字、图形、符号等形式来呈现，并注重设计形式美感。这些元素的精心选择和组合，以及配色方案的运用，能够创造出一个独特而有吸引力的标志。这种设计感使标志能够吸引目光、传递信息，并在人们的记忆中留下深刻的印象。

需要明确的是，虽然很多标志并没有进行法律注册，但它们仍然具有重要意义。商标注册与否并不能改变标志作为识别和标记工具的本质。因此，无论是否进行商标注册，标志作为品牌传递和识别的工具，仍然发挥着不可忽视的作用。

图 1－11 标志的形式

商标（Trademark）。商标是一个专门的法律术语，也是一种标志符号，用于识别和区分商品或服务的来源。商标作为品牌的法律基础，扮演着至关重要的角色。根据《中华人民共和国商标法》的规定，任何能够将自然人、法人或者其他组织的商品与他人的商品区别开的可视性标志，包括文字、图形、字母、数字、三维标志、颜色组合，以及上述要素的组合，均可以作为商标申请注册。[①] 商标的注册提供了法律保护，使品牌能够采取法律手段来保护自己的权益，并避免他人侵权。

品牌（Brand）。品牌并非严格意义上的法律概念，因而需要通过商标注册获得法律保护。然而，品牌的重要性在于其在消费者心中的认知和价值。品牌的内涵非常丰富，它不仅仅是一个名称或标志，而是对顾客的承诺。品牌传递给消费者的不只是功能利益，还包括情感利益、自我表达利益和社会价值。品牌不仅是承诺，更是品牌与消费者互动中产生的良好的"品牌—顾客"关系。[②] 如今，品牌的内涵和外延变得越来越丰富。这个概念已经扩展到商业领域之外，包括国家品牌、城市品牌、个人品牌、活动品牌，等等。品牌在这些领域中扮演着重要角色，通过塑造独特的形象和价值观，为相关实体或活动带来差异化的竞争优势。

三 产品与品牌的关系

产品可以被分为狭义和广义两种类型。狭义的产品是指有形的实体产品，如矿泉水、手机和汽车，以及无形的服务产品，如银行、保险、电影和网络游戏。而广义的产品则泛指能够满足市场需求和欲望的各种东西。[③] 因此，产品的范畴包括实体产品、服务、零售商店、组织和个人等。例如，企业、艺术团体和非营利机构都可以看作是产品，还有像演员和体育运动员这样的个人也可以被视作产品。品牌管理早期主要针对狭义的产品，但后来也延伸至广义的产品范畴。

---

① 《中华人民共和国商标法》，国务院公报 2001 年，第 21 页。

② ［美］戴维·阿克、王宁子：《品牌大师》，陈倩译，中信出版集团 2019 年版，引言。

③ ［美］菲利浦·科特勒、凯文·莱恩·凯勒：《营销管理》，何佳迅等译，格致出版社、上海人民出版社 2016 年版，第 342 页。

通过品牌化的方式，产品获得了超越实体本身的价值。品牌能够赋予产品情感价值和自我表达价值，这正是品牌获得更高附加价值的根源所在。优秀品牌的核心是优质产品，没有优质产品的基础，无法成为强势品牌。在历史上，大多数品牌都是凭借出色的产品在市场立足，优越的产品是其市场成功的决定性因素之一。①

品牌不仅仅是产品，它有着更广泛的意义和联想。（见图 1－12）顾客对品牌的联想包括产品、组织、人格、符号、功能利益、情感利益、自我表达利益、使用者和品牌与顾客关系等方面。顾客通过使用品牌来传递意义，体现了人们在社会交往中使用品牌的价值和意义。例如开奔驰汽车的人群，赋予奔驰成功的意义；热恋中的年轻人用哈根达斯来表达爱情，并赋予哈根达斯爱情的意义。

图 1－12　品牌不仅仅是产品

资料来源：［美］戴维·阿克：《创建强势品牌》，李兆丰译，机械工业出版社 2019 年版，第 69 页。

因此，品牌所包含的意义远远超过产品的功能利益和属性。明智

① ［法］让－诺埃尔·卡普费雷尔：《战略品牌管理》（第 5 版），何佳讯等译，中国人民大学出版社 2020 年版，第 35 页。

的品牌管理者不仅关注产品的功能属性，还通过整合服务和情感价值，为顾客创造超越产品的品牌体验。

品牌专家史蒂芬·金说："产品是工厂所生产的东西，品牌是消费者所购买的东西。产品可以被竞争者以假乱真地仿造，品牌却是独一无二的。产品容易过时落伍，但成功的品牌却能持久不衰。"① 品牌的载体是产品，但它的价值和人格化特征超越了产品本身。消费者选择的不仅仅是产品，更是品牌；消费者使用的不仅仅是产品，更是品牌；消费者体验的不仅仅是产品，更是品牌；消费者喜欢的不仅仅是产品，更是品牌；消费者拥有的不仅仅是产品，更是品牌（见图 1－13）。

产品	品牌
1.具体的、实在的、有形的（商品、服务、组织、人），是实现交换的具体东西，是品牌的载体。包括产品核心功能、拳头产品、周边产品等 2.提供功能利益，并具有功能意义 3.依赖制造商、渠道讷、服务商 4.具有行业属性，只从事某一产品类型 5.注重产品本身的价格 6.产品容易被模仿、仿造 7.有生命周期，随消费而逝	1.既是具体的，也是抽象的；既是有形的，也是无形的 2.由企业创建，但是依赖顾客，是企业与顾客沟通的工具 3.除了产品外，还包括其他非产品识别要素 4.除提供功能利益，更多的是提供情感利益，具有象征意义 5.人格化的，具有个性风格，活生生的 6.注重品牌溢价，帮助企业获利 7.可以获得更大市场，进行品牌扩展、延伸、兼并 8.能够积累品牌资产，具有战略价值 9.仿冒品牌则会侵权，具有独特性，竞争者模仿困难 10.基业长青，世代相传

图 1－13　品牌与产品的差异

资料来源：祝合良：《战略品牌管理》，首都经济贸易大学出版社 2013 年版，第 12 页。

第三节　品牌的作用

企业通过建立品牌资产，可以塑造品牌在市场上的形象和价值，并与消费者建立信任关系，从而实现长期商业成功。消费者通过选择

① ［美］戴维·阿克：《管理品牌资产》，吴操进、常小虹译，机械工业出版社 2019 年版，第 1 页。

信任的品牌，可以获得可靠的产品和满意的购物体验。因此，一个成功的品牌对于消费者和企业来说都能发挥重要作用。

一 品牌对消费者的作用

在消费者心中，品牌扮演着重要的角色。如果没有消费者对品牌的信任和情感价值，品牌只不过是优质产品的名称，难以建立顾客的认同和粉丝群体。消费者的信任和喜欢是评判品牌和顾客关系质量的标准。顾客对于品牌的可预见性、稳定性和持续性的认可，产生了消费者的信任。这种信任是因为，消费者对产品的生产者和生产过程不了解，只能通过品牌信任来完成购买决策。① 强势品牌拥有顾客强烈的信任和忠诚度。总的来说，品牌对顾客有以下五个方面的作用。

1. 品牌可以降低顾客的搜寻成本

品牌可以帮助顾客识别、认知和记住大量产品和品牌信息。如果没有品牌名称供选择，即使是购买一瓶酱油，顾客也需要经历漫长的比较筛选过程。这种比较和筛选过程增加了顾客的搜寻成本。基于以往的经验，顾客会简化判断和选择，选择他们信任的品牌。

2. 品牌能减少顾客的选择风险

面对市场上品质参差不齐的商品，消费者购买时面临选择错误的风险。但对于消费者信任和喜爱的品牌，他们会倾向于指名购买；对于市场上热销的品牌产品，消费者会选择从众或跟风购买，以降低购买风险。因为消费者相信，大多数人做出的选择通常是较为正确的，也是低风险的。

3. 品牌能向消费者传达质量信号

包括可靠、品质、舒适和便利等。绝大多数品牌商品的品质要优

① ［德］凯－乌韦·黑尔曼：《品牌社会学》，吕律、张雪译，上海三联书店2019年版，第77页。

于无品牌商品，这既是客观事实，也是人们的普遍认知。消费者普遍认为，品牌越大，档次越高，品质越好。

4. 品牌能传达象征意义

包括个性风格、身份、情感和价值观等。当消费者在日常生活中使用某个品牌时，将人、情境和品牌结合起来，就成为他们个人自我个性、风格和概念的表达符号。例如，开奔驰车的人可能会感到事业上的成就感和自豪感，奔驰成为某种身份的象征符号。

5. 品牌可以识别产品来源，为顾客售后服务和追溯商家责任提供依据。

品牌为了保持良好的"品牌—顾客"关系，会向顾客提供售后承诺，并重视顾客的使用和服务体验，免除了顾客的后顾之忧。

二　品牌对企业的作用

管理学之父德鲁克说，企业的唯一目的就是创造顾客。企业总是希望能创造顾客喜欢的产品，然而，产品从工厂生产到消费者购买之间存在一条巨大的"鸿沟"。这就需要营销者在这条"鸿沟"之间架起一座桥梁，从短期来看企业主要依赖强有力的市场营销来推动，但更为长远和高效的解决方案是建立强势品牌。企业所处的行业、竞争和发展阶段不同，品牌对企业的作用也有所不同。具体来说，强势品牌对企业可以发挥六个方面的作用。

1. 法律保护：合法保护品牌独特性

在商业领域，产品很容易被竞争者模仿，这是一个常见的问题。然而，通过对品牌名称和标志进行商标注册，我们可以获得法律保护，防止竞争者模仿。这种保护措施对于保护品牌最核心的资产至关重要。当我们保护好品牌的名称和标志时，也保护了品牌在市场上的份额。

2. 传递品牌承诺：获得顾客信赖

品牌承诺就是品牌对顾客的所有保证。品牌承诺是品牌构建和维护顾客关系的核心。企业通过明确自己的品牌承诺，并始终如一地履行承诺，能够建立起与顾客之间的情感连接。顾客在购买产品或享受服务时，希望能够得到品牌的保证和承诺。只有通过品牌承诺的传递，品牌才能有效地传达自身的价值和信任，进而建立起深层次的关系。一个品牌向顾客承诺什么，反映了品牌的愿景和价值观，引领组织和全体员工遵守品牌承诺，为顾客创造价值。

3. 提供顾客心智上的竞争优势：品牌资产就是护城河

尽管产品很容易被竞争者模仿，但对于强势品牌而言，在顾客心智中所占据的位置却是难以撼动的。强势品牌拥有高度的顾客忠诚度和知名度，这就意味着企业拥有了品牌资产，也就相当于拥有了一批可靠的顾客群体，进而获得了竞争上的优势。

4. 获得高财务收益：更高的产品溢价、更高的市场份额

强势的品牌可以从两方面为企业提供丰厚的回报，一是可以使得企业能够制定更高的产品价格，从而摆脱价格竞争的泥潭；二是可以增加商品销售和市场份额，从而赢得市场竞争。这可能是众多企业实施品牌化的最大动机和目的。① 此外，对于计划融资上市和并购的企业来说，品牌被视为能带来资本增值的重要资产。投资者认为，一个强大的品牌能够为公司带来更好的收益和利润表现，进而为股东创造更大的价值。因此，这些企业将品牌视为获得资本增值的关键因素。②

5. 价值延伸：赋予产品及其他独特联想

消费者的品牌联想是丰富的，不仅包括产品联想、组织联想、人格化联想、符号联想，还包括产品的功能利益联想、情感利益联想和

① ［美］戴维·阿克：《管理品牌资产》，吴操进、常小虹译，机械工业出版社 2019 年版，第 19 页。

② ［美］菲利浦·科特勒、凯文·莱恩·凯勒、亚历山大·切尔内夫：《营销管理》，陆雄文等译，中信出版集团 2022 年版，第 281 页。

自我表达利益联想。此外，对于那些具有远大理想的全球品牌来说，他们不仅仅追求创造最佳的品牌优势和表现，更致力于解决人类社会和全球性问题，为品牌赋予更高的意义和价值。通过这种方式，品牌能够赢得消费者的信任、尊敬和追随。

6. 与竞品区分：便于追踪产品

在这个产品同质化的时代，品牌是区分产品的重要方式，便于企业追踪产品，并有效管理渠道和产品的售后。对有些行业而言，假冒品牌难以避免，但企业可以通过品牌来识别真假，并采取相应措施来挽回损失。通过品牌与竞品实现区分，企业能够更好地进行商品追踪，同时保护自身利益。

品牌对消费者的作用	品牌对企业的作用
1.降低搜寻成本：指名购买、从众购买 2.减少选择风险：购买信得过的、喜欢的 3.传达质量信号：可靠的、品质的、舒适的 4.传达象征意义：个性风格、身份、价值观 5.识别产品来源：追溯责任依据	1.法律保护：合法保护品牌、产品独特性的工具 2.传递承诺：获得顾客信赖 3.提供心智竞争优势：品牌就是护城河 4.获得高财务收益：产品溢价+市场份额 5.价值延伸：赋予产品及其它独特联想的途径 6.与竞品区分：简化处理或追踪的识别工具

图 1-14　品牌对消费者和企业的作用

资料来源：［美］凯文·莱恩·凯勒、沃妮特·斯瓦米纳坦：《战略品牌管理（第 5 版）：创建、评估和管理品牌资产》，何云、吴水龙译，中国人民大学出版社 2020 年版，第 8 页。

强势品牌具有商业马太效应，拥有强势品牌可以使企业获得更大的竞争优势，扩大市场份额，实现更高的利润，获得尊重和基业长青。对企业家来说，尽管品牌并不是企业经营在任何情况下唯一的选择，但却是最明智的选择。建立强势品牌需要长期的投入和艰辛的努力，同时也伴随着一定的风险。然而，这却是一个更加长远和富有智慧的选择。①

---

① 卢宏泰：《品牌思想史》，机械工业出版社 2020 年版，第 4 页。

图 1－15　Interbrand 2022 年度全球最佳品牌 100 强

资料来源：https：//interbrand. com/best-global-brands/。

第四节　品牌资产

在当今激烈的市场竞争中，营销大战已经成为品牌争夺市场主导地位的关键。这种争夺实质上就是一场激烈的品牌之战。企业家和投资者们已经意识到，强势品牌是企业最有价值的资产。使得企业家不仅仅关注企业的有形资产，同时也开始关注品牌的无形资产价值。

全球知名的品牌咨询公司 Interbrand 对全球及地区最有价值的品牌进行了价值评估，结果显示品牌的无形价值可以通过货币化来估算。尽管数据可能并不完全准确，但仍为品牌的无形价值提供了有参考性的指标。有学者指出，品牌资产可以被视作品牌货币价值，它反映了品牌所有权对公司所带来的价值溢价。[①]

品牌资产作为品牌研究的核心概念，为学术研究提供了重要的焦点和基点。品牌资产是从理论上描述品牌附加值的来源，以及能够产生的价值。[②] 大多数学者认为，品牌资产是指品牌所具有的独特的市场影响力。不同学者从不同角度对这一概念进行了定义，也导致了概念的混乱。从品牌创建和品牌识别的角度来看，戴维·阿克的品牌资产理论和凯文·莱恩·凯勒的基于顾客的品牌资产模型是两个重要的参考理论，以下进行简要介绍。

一　戴维·阿克：品牌资产

品牌资产是指与品牌（名称和标志）相联系的，可为公司或顾客增加或削弱产品价值的资产或负债。戴维·阿克认为，品牌资产包括五个主要维度，分别是品牌忠诚度、品牌知名度、感知质量、品牌联想和其他品牌专属资产。[③] 品牌对消费者和企业的价值和作用，都是品牌资产发挥的作用。

1. 品牌忠诚度

品牌忠诚度是顾客对品牌的忠诚程度和喜好程度，与复购率密切相关。换言之，就是顾客对品牌已经形成了正面的看法和喜欢的感觉，当产生某种消费需求时，只选择目标品牌，对市场上的同类商品和品牌视而不见。当企业推出新产品时，也会毫不犹豫地选择。品牌忠诚度不仅可以产生当下的销售业绩，也可以转化为未来的预期销量。

---

① ［美］菲利浦·科特勒、凯文·莱恩·凯勒、亚历山大·切尔内夫：《营销管理》第16版，陆雄文等译，中信出版集团2022年版，第281页。

② 何佳迅：《战略品牌管理》，中国人民大学出版社2021年版，第4页。

③ ［美］戴维·阿克：《管理品牌资产》，吴操进、常小虹译，机械工业出版社2019年版，第16页。

对企业来说，品牌忠诚度带来了三个方面的价值。一是帮助企业减少营销成本。在任何行业中，争取开发新顾客都需要付出高昂的代价，而维持老顾客的成本则相对较低。二是人们总有分享购物经验的冲动，品牌粉丝经常向周围的朋友分享品牌和产品使用体验，这种口碑传播，为品牌提供了高质量的推广效果。三是品牌忠诚度能让企业在渠道端更有话语权。超市、便利店、电商平台会将消费者经常选购的品牌，放在更显眼的位置，安排更多货架空间，以方便顾客选购。

2. 品牌知名度

品牌知名度就是潜在顾客对品牌的熟悉度，是指潜在顾客认出或想起某类产品中某一品牌的能力。[①] 对于一个品牌，潜在顾客往往会经历“不知道—听说过—体验过—能想到—熟悉信任—喜欢”的过程。日常生活中，人们更喜欢熟悉的事物，在大多数情况下，顾客根据品牌熟悉度来选择、购买商品。

品牌知名度高，会给人一种熟悉又很有实力的感觉，这会成为影响决策的一个隐形因素。即使潜在顾客既不了解品牌，也不了解企业的情况下，一旦得知这是一个知名度很高的品牌，他们会本能地认为这个品牌的产品是可靠、值得信赖的。这是因为知名度高的品牌能够通过大量的广告和营销活动来支撑自己的品牌形象。顾客会认为这个品牌已经赢得了大众的认可和喜爱，因此他们对该品牌的产品有更高的信任度。这种信任度会直接影响顾客的购买决策，使他们更倾向于购买该品牌的产品。

3. 质量感知

对顾客而言，能够感知到高质量的产品或服务是一个重要的识别信号。在许多情况下，一个品牌的质量感知往往是顾客做出购买决策

---

① ［美］戴维·阿克：《管理品牌资产》，吴操进、常小虹译，机械工业出版社 2019 年版，第 68 页。

的关键因素。顾客的质量感知与产品的真实质量并不完全相同。质量感知指的是顾客在了解某一产品或服务后，对该产品或服务相对于其他同类产品或服务的质量或优势产生的整体、主观的感受。简而言之，质量感知是顾客的主观认知和评价，它不仅与产品本身的特性有关，还与消费者个体的经验、偏好和期望密切相关。

质量感知是一种品牌联想。当消费者提到某个品牌时，他们往往会自然而然地将其与一个特定的质量水平联系在一起。消费者会下意识地用一些看得见摸得着的指标，去推理那些难以判断但又很重要的质量因素。例如啤酒的泡沫越多，顾客认为啤酒品质越高。这种联想是基于他们对该品牌产品或服务的直接或间接经验形成的，而这些经验又构建了消费者对该品牌的整体印象。

4. 品牌联想

品牌联想是一种心智活动，指的是消费者在记忆中与品牌相关联的一切事物。品牌联想主要有四个维度：与产品相关的联想、与组织相关的联想、与人格化相关的联想、与符号相关的联想。消费者接收的品牌信息越多，使用体验越深入，品牌联想就越强。在顾客心智中，各种品牌联想以某种结构组织在一起形成品牌印象。品牌印象与品牌联想密切相关，具有主观性。例如，可口可乐给消费者带来夏天解渴的联想，也可能给消费者带来含糖不健康的联想。品牌联想是消费者购买决策和品牌忠诚度的基础，可以帮助品牌实现差异化。

品牌联想能够通过多种方式为品牌创造价值。其中包括帮助顾客处理和检索品牌信息、实现品牌差异化、制造顾客购买理由、营造积极的态度和情感，以及提供品牌延伸的可能性等。品牌联想是由组织希望品牌在消费者心目中的品牌识别驱动的。因此，建设强势品牌的关键在于开发并完善品牌识别。[①] 戴维·阿克对“品牌识

① ［美］戴维·阿克：《创建强势品牌》，李兆丰译，机械工业出版社 2019 年版，第 23 页。

别”的概念进行了扩展。关于该概念的详细内容将在本书的第二章进行介绍。

5. 其他品牌专属资产

它是指那些能够防止竞争者争夺顾客群、损害品牌忠诚度的品牌资产，如注册商标、核心的技术专利、渠道关系等。[①] 这些所有权资产为企业所有。

企业管理者在关注财务数据的同时，也应该深入理解品牌如何创造价值以及品牌价值的变化过程。判断一家企业是否将品牌管理纳入其公司战略中，需要观察其是否将品牌资产作为评估品牌绩效的指标。

二　凯文·莱恩·凯勒：基于顾客的品牌资产金字塔模型

基于顾客的品牌资产，是指顾客品牌知识所导致的顾客对营销活动的差异化反应。当某个品牌被消费者识别出来后（相比于无品牌的商品），消费者会更偏爱该品牌的产品时，该品牌就拥有了积极的品牌资产。

凯文·莱恩·凯勒提出了基于顾客的品牌资产金字塔模型（见图1－17）。这个模型从顾客的角度来探讨品牌资产，基于以下两个基本前提：首先，品牌必须存在于顾客的心智中。品牌的强势程度取决于顾客长期以来对该品牌的体验、感知、了解和情感。其次，在建立强势品牌过程中，营销者面临着挑战，即确保顾客能够对产品、服务以及与之相关的市场营销计划有恰当的体验，从而才有可能使顾客的识别、感知、判断、感受和共鸣等与品牌关联起来。[②]

---

① ［美］戴维·阿克：《管理品牌资产》，吴进操、常小虹译，机械工业出版社2019年版，第22页。

② ［美］凯文·莱恩·凯勒、沃妮特·斯瓦米纳坦：《战略品牌管理（第5版）：创建、评估和管理品牌资产》，何云、吴水龙译，中国人民大学出版社2020年版，第39页。

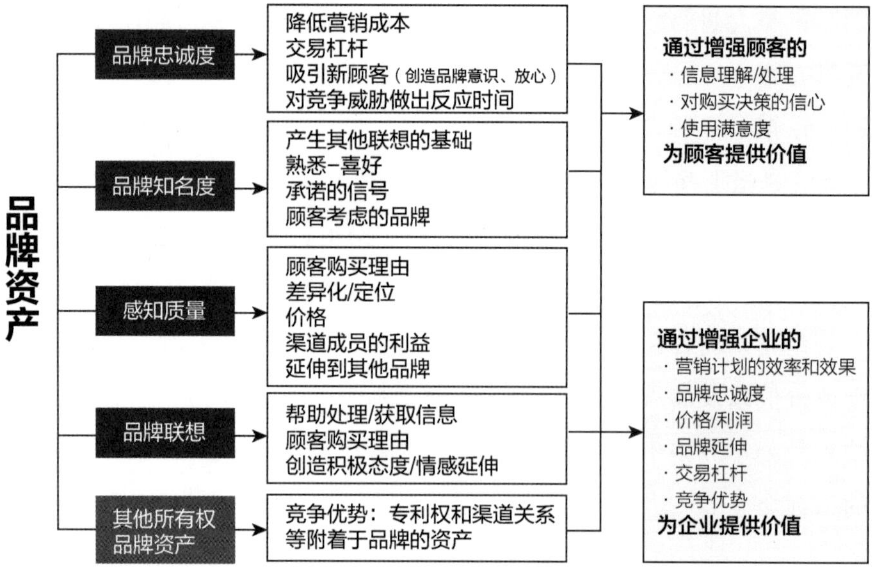

图 1-16　品牌资产如何产生价值

资料来源：David A. Aaker，*Managing Brand Equity*，New York：The Free Press，1991.［美］戴维·阿克：《创建强势品牌》，李兆丰译，机械工业出版社 2019 年版，第 8 页。

根据基于顾客的品牌资产金字塔模型，创建强势品牌需要经过四个步骤，每一步都是基于前一步的成功实现的。

1. 第一步：顾客对品牌的基本识别：表层的品牌认知（品牌是谁）

人类对事物的识别本质在于理解事物之间的联系，并进行分类。当顾客发现一个产品或品牌符号时，会将品牌符号与产品类别、基本用途以及自身需求进行关联。企业在构建品牌识别时，赋予顾客“品类、产品 = 某品牌符号”的联想，使顾客将品牌名称与产品类别、购买、消费以及使用情境联系起来。这种联想与识别是最基本的。例如，当我们第一次看到格力的标志时，会思考这个品牌是属于哪个产品类别？这样的思考促使我们去寻找答案，格力是一款空调产品，可以在炎热的夏季为家里的房间降温，使我们享受到舒适凉爽的夏季。

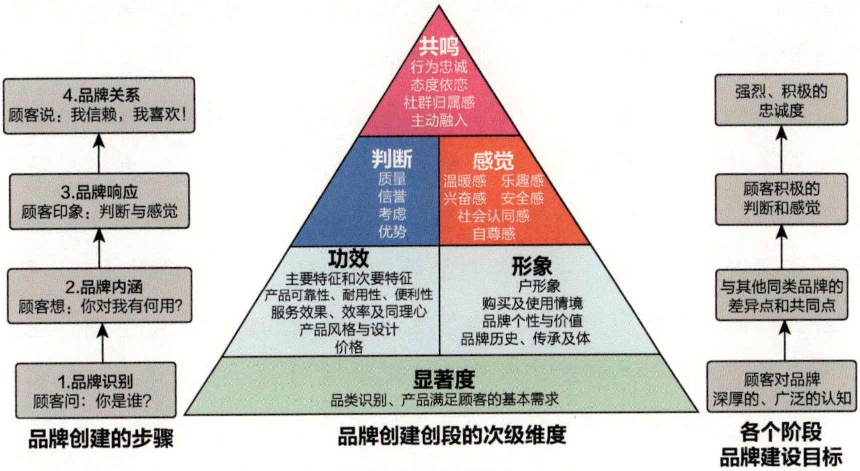

图 1－17 基于顾客的品牌资产金字塔模型

资料来源：［美］凯文·莱恩·凯勒、沃妮特·斯瓦米纳坦：《战略品牌管理（第 5 版）：创建、评估和管理品牌资产》，何云、吴水龙译，中国人民大学出版社 2020 年版，第 72 页。

2. 第二步：顾客对品牌内涵的理解：品牌的差异点和共同点（品牌是做什么的）

品牌内涵指的是顾客对品牌的深入感知和理解。它包括两种类型：与产品相关的功效属性和与品牌形象相关的意象。与产品相关的功效属性涉及主要成分和次要特色、产品的可靠耐用性和服务便利性、服务水平、产品的风格和设计、价格等方面。这些属性反映了产品在使用过程中所能实现的效果。与品牌形象相关的意象则包括用户形象、购买和使用情境、品牌个性、品牌传统和用户体验等方面。这些意象通过与品牌相关的各种联想来体现。[①] 品牌建构的目标是将有形的产品属性和无形的意象（个性、情境、形象等）与品牌符号联系起来，

① ［美］凯文·莱恩·凯勒、沃妮特·斯瓦米纳坦：《战略品牌管理（第 5 版）：创建、评估和管理品牌资产》，何云、吴水龙译，中国人民大学出版社 2020 年版，第 75 页。

从而在顾客的心智中建立清晰、多维且差异化的品牌联想。这样，顾客能够准确地认知和感知品牌的特质和价值。

3. 第三步：顾客对品牌的响应：判断与感受（品牌是怎样的）

顾客对品牌的响应是一种积极且易获得的反应。人们天生具备对事物进行判断并产生相应感受的本能。在顾客对品牌的响应中，判断与感受起着重要作用。在顾客对品牌的响应中，判断起到关键作用。顾客会评估品牌的质量水平、信誉度以及产品的优势和竞争力。这些判断是基于顾客对品牌的了解和对产品的体验。一般情况下，顾客通过产品使用体验来判断该品牌的品质是否符合预期。如果顾客对产品的判断为正面，他们往往会对品牌产生积极的感受，并愿意继续购买和推荐该品牌。

顾客对品牌的感受是基于其对品牌的认知和情感反应。品牌的应致力于建立顾客温暖、乐趣、兴奋、安全和尊重等积极的感受。这些感受对于顾客的忠诚度和满意度起到重要的影响。在顾客对品牌的响应中，判断与感受相互交织，构成了“顾客—品牌”关系的基础。

4. 第四步：品牌与顾客的关系：强烈的品牌忠诚

当顾客对品牌给予正面判断并产生良好的感受时，就会引发顾客的共鸣，从而建立积极的“顾客—品牌”关系。这种关系表现为品牌不断为顾客创造独特的价值；而顾客也对品牌保持忠诚，表现在行为忠诚、态度依赖、主动融入和社群归属等方面。品牌共鸣则是达到“顾客—品牌”关系的高级阶段，也是品牌建设的最终目标。

为了建立强烈的品牌忠诚关系，品牌需要积极地与顾客互动，了解顾客的需求和期望。通过与顾客的互动，品牌可以深入了解顾客的购买行为和态度，从而更好地满足顾客的需求，并为他们提供个性化的服务。此外，品牌还应该注重与顾客之间的情感连接，塑造亲密而稳固的关系。

图 1－18

资料来源：https：//www. pexels. com/zh-cn/photo/972887/（Pexels 免费图片）。

第五节　顾客消费需求与品牌

一　顾客与市场

日常生活中，人们常常提及的“市场”一词指的是商品交换的地方，比如菜市场、家具市场等。而在品牌营销领域，“市场”（market）指的是具有类似消费需求和欲望的顾客群体。也就是说，市场是指某一类产品的实际购买者和潜在购买者的集合，这些购买者具有共同的需求和欲望，他们乐意并且有能力通过特定的交换来满足这些需求。[①] 例如，汽车消费市场是指购买汽车的人群，电影消费市场则是指观看电影的人群。

而市场细分则是将市场根据顾客的相似性划分为不同的购买群体，

① 郑文坚：《市场营销学原理》，厦门大学出版社 2017 年版，第 2 页。

每个群体中的顾客具有相似的需求和消费行为，因此适用于相似的营销活动和策略。例如，攀升电脑针对电竞电脑消费市场进行了市场细分，并通过洞察电竞发烧友用户群的需求，研发了针对电竞的高性能定制电脑，从而取得了快速的增长。由此可见，特定的消费需求形成了规模市场。品牌应通过深入了解顾客群体的需求来针对性地开展营销活动，从而增强品牌的竞争力并获得市场份额。

二 顾客需求与品牌

顾客需求洞察是战略品牌规划的核心内容，其目的就是发现顾客购买行为背后的动机。发现顾客消费动机，首先要了解顾客作为个体的需要、欲望和需求。

1. 顾客消费动机：从需要、欲望到需求

需要（need）。需要是人类的基本要求，包括生理性和心理性需要。生理性的需要，如食物、水、睡眠、空气等，会造成身体的饥饿、口渴或不适。而心理性需要则是情感性的需求，如安全感、爱与归属感、尊重感等，这些需要的缺乏会导致心理上的不安。[①]

马斯洛需要层次理论是非常经典的人类动机理论。马斯洛从人类动机的角度提出需要层次理论，该理论强调人的动机是由人的需要决定的，解释了人们为何在特定时间和情境会受到特定需要的驱动。[②]需求是人生活在这个世界上唯一的凭证，人们的每个行为都是由需求驱动的。根据这一理论，人类的需要可以根据其迫切程度分为五个层次：生理需要、安全需要、爱与归属需要、尊重需要以及自我实现需要（见图1－19）。

---

① ［美］菲利普·科特勒、凯文·莱恩·凯勒、亚历山大·切尔内夫：《营销管理》，何佳迅等译，中信出版社2022年版，第76页。

② ［美］菲利普·科特勒、凯文·莱恩·凯勒、亚历山大·切尔内夫：《营销管理》，何佳迅等译，中信出版社2022年版，第76页。

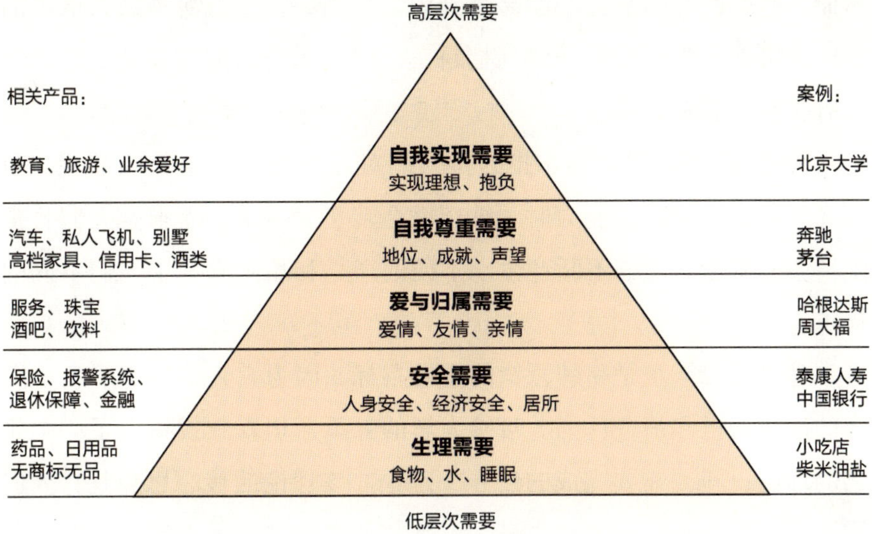

图 1-19　马斯洛的需要层次理论

资料来源：［美］迈克尔·所罗门、卢泰宏、杨晓燕：《消费者行为学》第 10 版，杨晓燕等译，中国人民大学出版社 2014 年版，第 84 页。

这个理论为我们理解品牌的目标顾客提供了重要价值，它指出每个人都有这五种需要，只是在不同的时期和情境中表现出不同的强烈程度。未满足的需要是行为的主要激励源，而已经满足的需要则不再具有激励作用。此外，这五种需要层级是按照从低到高的顺序发展，当低层次的需要得到充分满足后，个体就会追求更高层次的需要。在每个时期，都会有一种需要占主导地位，而其他需要处于从属地位。对食物的需要和对知识的渴望显然不是同一层次的需要。饥饿能导致我们对食物的需要，但这个需要一旦被满足就会暂时消失，其他更高级的需要（比如娱乐、爱情）就会出现。

欲望（want）。欲望指有追求和梦想，就是对某一明确事物的渴望和向往。身份、性别、年龄、文化和社会因素都会对欲望产生影响，并塑造个体的消费欲望。当一个人的某种需要指向了某个具体事物，就会产生相关的欲望。品牌的目标是创造被消费者渴望和拥有的欲望。

然而，并非所有的欲望都能够得到满足。例如，一个渴望被人认可的年轻人可能会想要购买一辆高档轿车，以展示自己的实力和成功，但只有少数人有财力购买。

需求（demand）。需求指的是人们对可能获得的事物的欲望。当顾客具备足够的购买能力时，欲望就会转化为需求。需求是人们日常生活中的常态，能够不断产生。不同的产品和品牌满足了人们不同的需求。

理解消费需求是品牌营销的重要目标，因为它直接决定了目标顾客的消费动机和消费行为。哈佛大学的克里斯坦森教授提出了一个著名的理论，即“需要完成的任务”理论。该理论的核心思想是，人们需要的实际上不仅是产品本身，更是产品在特定场景中解决问题时激发的情感和生活意义。场景指的是触发消费动机的时间、地点、人物和事件。“需要完成的任务”理论本质上是通过寻找行为背后真正的需求，从而更好满足顾客的需求。

在品牌规划中，从顾客的基本需要出发，发现他们在社会生活中的欲望，创造有价值且顾客能够消费得起的产品和服务，满足顾客潜在的需求，是品牌营销的目标。营销者需要关注顾客的差异化需求，并尽可能为顾客提供满意的产品和服务。因此，消费需求是决定目标顾客的消费动机和行为的重要因素。

顾客消费动机。消费者在特定时间、地点、情境会产生各种需要和欲望。但只有一部分需要和欲望能转化为需求，并引发购买动机。产品和品牌是解决顾客需求的工具。一旦顾客产生某种需求，就会考虑选择哪种产品和服务来满足需求，并激发购买决策。因此，购买动机是促使消费者购买的关键因素。

在品牌策划中，常常使用痛点、爽点和痒点来描述购买动机。品牌识别的重要任务之一，就是发掘目标顾客群的购买理由，这种购买理由就是一种消费动机。换言之，就是当顾客在特定情境产生某种需

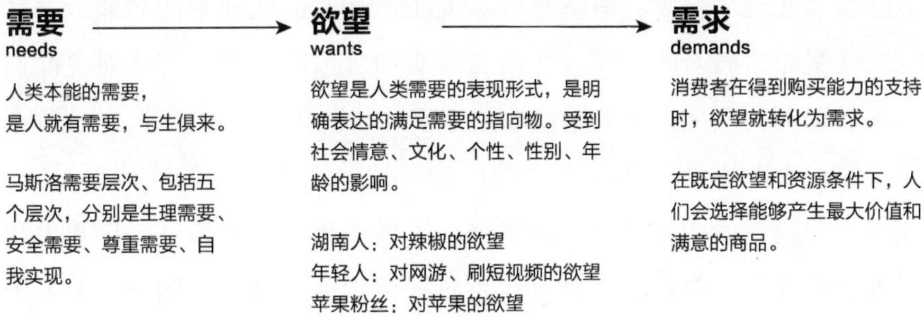

图 1－20　需要、欲望、需求的关系和区别

求时，如果品牌的价值主张与潜在顾客购买需求吻合，就有可能引发购买动机并促成购买决策。有些品牌通过洞察消费者需求和动机，为品牌创造了有吸引力的联想，赢得潜在顾客的选择。例如云南白药创可贴，给人有药好得更快些的联想；脑白金发现了节日子女孝敬长辈的情感动机。

研究动机可以通过焦点访谈、深度访谈和质性研究等方法。例如，如果我们需要对商务酒店的目标顾客消费动机进行研究，就需要找到一定数量的目标顾客，询问他们对选择商务酒店时最看重的因素是什么。不同访谈对象的回答可能各不相同，因此需要从这些杂乱的信息中发现顾客的痛点、爽点和痒点，从而发现最具营销价值的购买动机。

2. 消费需求的层次与品牌档次

随着顾客消费需求的逐渐满足，人们的消费倾向也会从低级向高级转变，与马斯洛的需求层次理论相似。菲利普·科特勒认为，消费行为可以分为三个阶段。

第一个阶段是量的消费阶段，它主要关注满足人们的基本需求。在这个阶段，消费者重点关注产品的基本功能，经济实惠和物超所值是最重要的考虑因素。比如基本的衣物、食品和日常用品。

第二个阶段是质的消费阶段，这个阶段的顾客消费着眼于提升生活品质。在这个阶段，消费者更加关注产品的品质和附加功能，并且可以接受相对较高的价格。优质的品质和合适的功能叠加是促使他们购买的动力。例如，比亚迪汽车、李宁运动鞋、小米手机等。

第三个阶段是情感和意义的消费阶段，它满足人们的情感需求。在这个阶段，消费者追求个性风格、情感满足、个人偏好、自我表达和理想自我等。这类消费具有高品质和高价格的特点。例如，劳力士手表、周大福珠宝、LV 包等。消费者使用品牌并赋予品牌以意义。情感消费不仅是未来品牌发展的风向标，也是与消费者沟通最有效的方式。在这个阶段，消费者购买的动机主要源于品牌情感价值，而非产品的本身。

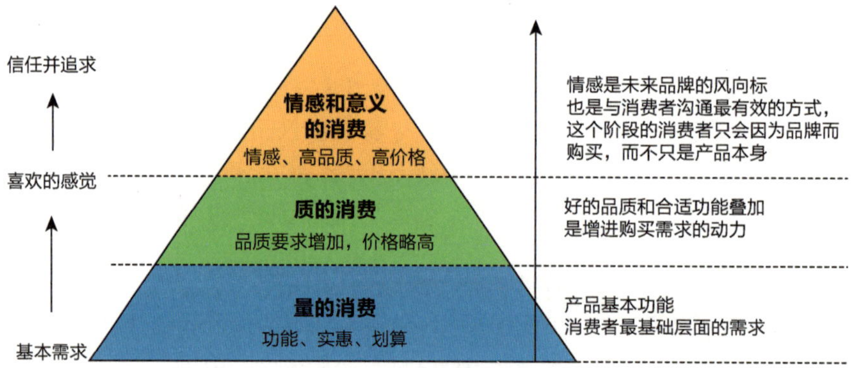

图 1－21　消费需求的层次

品牌的档次。品牌档次可以被粗略地分为大众品牌、高档品牌和奢侈品牌三类。① 在经济越发达的地区，品牌消费越普及，同时品牌消费的层次也更加多样化。

大众品牌是指日常生活中广泛消费的日用品和经济实惠的商品品牌，比如农夫山泉、老干妈、海天酱油等。这些品牌在价格上适中，

① ［日］冈崎茂生：《品牌战略进化论》，赵新利等译，中国传媒大学出版社 2019 年版，第 38 页。

是普通大众日常生活所必需的。大众品牌与消费者的消费量相关，主要满足顾客的功能需求。

高档品牌则是针对中高收入人群提供高品质商品的品牌，比如比亚迪汽车、苹果手机、耐克运动鞋等。这些品牌通过技术创新、高品质的设计和服务赢得了中产人群及商务精英的青睐。高档品牌更关注消费品质和意义，主要满足顾客自我安全感、爱与归属感以及尊重需求。

奢侈品牌面向高收入和高净值人群，比如宾利、LV、茅台等。奢侈品牌与顾客的情感和意义消费密切相关，主要满足顾客对爱与归属、自我尊重以及自我实现方面的需求。这些品牌通常拥有悠久的历史，借助独特的传统和贵族文化，通过经典产品的打造来建立品牌传统，并通过稀缺性和定制生产来打造品牌的高端形象。

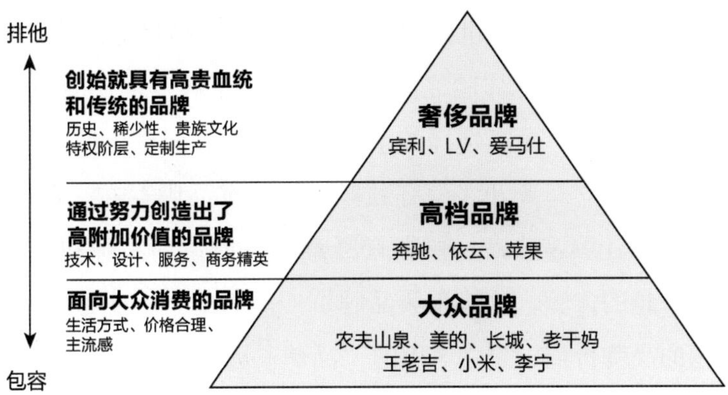

图 1-22　品牌的档次

资料来源：［日］冈崎茂生：《品牌战略进化论》，赵新利等译，中国传媒大学出版社 2019 年版，第 38 页。

3. 品牌的顾客体验与满意因素

顾客体验与品牌满意度密切相关。消费者在消费选择时有两种情况：一是愿意以相对较低或合理的价格购买满意的产品；二是愿意支

图 1－23　国际知名品牌

付更高的价格以享受更高品质的产品或情感体验。换句话说，品牌与消费者的可承受能力相关。消费者总希望以较低的花费获得满意的产品和服务。同时，消费者也愿意为优质的产品和品牌支付更多的费用。

顾客的期望与实际体验之间的差距决定了顾客的满意度。如今，商业竞争日趋激烈，顾客选择的余地越来越大，对于不满意的品牌和产品，顾客可以立即离开。没有顾客，就没有品牌存在。现在，“满意”已不足以让顾客感动，顾客只愿意为高质量的品牌和产品付钱。只有提供卓越的体验，才能积累品牌资产。因此，企业希望通过不断创造卓越的品牌价值，建立牢固的“品牌—顾客”关系。

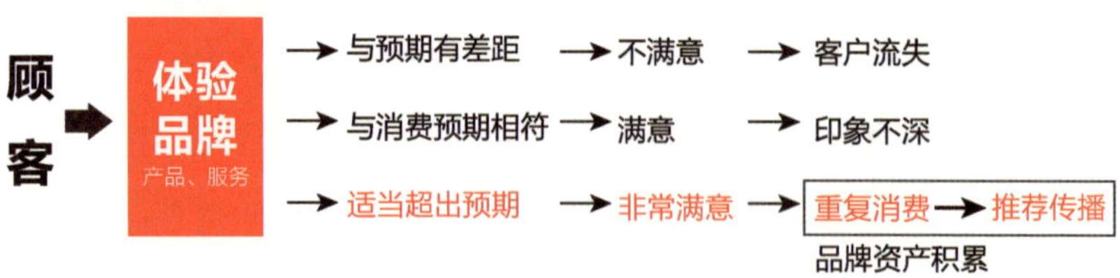

图 1－24　顾客的品牌体验及行为方式

品牌必须具备满意因素。赫茨伯格的双因素理论对顾客不满意因素和满意因素进行了研究。研究发现，仅仅消除不满意因素不足以激发顾客购买，品牌必须具备满意因素。[①] 即一个品牌在顾客心智中，需要做到没有“短板”的同时，还要拥有“长板”。例如，食品卫生存在问题是酱油品牌的不满意因素，但如果一个酱油品牌让顾客感受到了食品卫生，也不能保证顾客就满意或产生购买动机。顾客没有不满意并不能代表满意。顾客记忆中的美味是过去经典的、传统天然酿制的酱油，这才是真正能引起顾客满意的因素。

双因素理论对品牌管理有着重要的启示。首先，品牌应通过品牌识别系统来管理和消除导致顾客不满意的因素。然而，单靠品牌识别系统的丰富性并不能真正激发购买的动力，也无法使品牌成为顾客心智中的首选。其次，品牌经营者应该找出潜在顾客心智中最关键的几个满意因素和购买动机，并选择与竞争者不同的满意因素来突出品牌的核心差异化价值。这种突出的差异化价值将成为品牌脱颖而出的重要因素。

第六节　品牌印象的形成

品牌印象是消费者对品牌产生的主观整体认知和印象，就像人们对其他人的印象一样。构成品牌印象的是认知与情感的结合，它是消费者头脑中对品牌特质和意义的印记和联想。[②] 品牌印象是构建品牌与消费者关系的基础，也是消费者做出购买决策和培养品牌忠诚度的基础。因此，在品牌建设过程中，我们需要深入理解消费者品牌印象形成的机制，并通过调节和控制消费者对品牌的认知和联想来积累品

① ［美］菲利浦·科特勒、凯文·莱恩·凯勒：《营销管理》，何佳讯等译，格致出版社、上海人民出版社2016年版，第151页。

② 彭品志：《品牌印象与经营作为》，《中国市场》2007年第25期。

牌资产。①

根据“科普中国·科学百科”关于印象形成的词条，印象指的是认知主体对于他人外部特征和内在性格的判断和认知。由于印象的形成是一种自动的过程，因此，人们并不会意识到它的发生。印象形成效应包括了刻板印象、光环效应、首因效应、近因效应，等等。② 通过大量的文献研究发现，这些效应对于品牌识别和品牌印象形成具有深层次的指导作用。

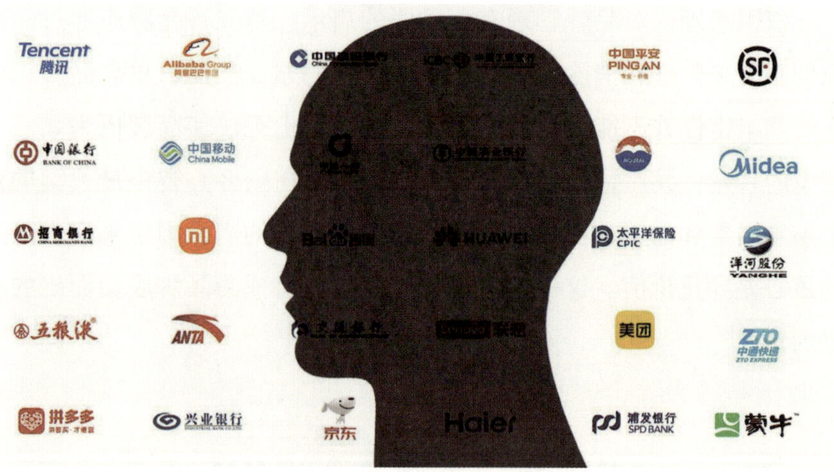

图 1－25　品牌印象

一　品牌印象与刻板印象

20 世纪 20 年代，沃尔特·李普曼在其著作《舆论》中提出刻板印象（stereotype）的概念。③ 刻板印象是人们关于人或事物的固定且难以改变的看法，它们就像刻在木板上的图形一样，难以更改或抹去。④

① 袁登华、杨双：《品牌印象研究述评》，《心理科学》2012 年第 4 期。

② 科普中国·科学百科：https://baike.baidu.com/item/印象形成。

③ 王沛：《刻板印象的社会认知研究述论》，《心理科学》1999 年第 4 期。

④ 何莹、赵永乐、郑涌：《民族刻板印象的研究与反思》，《贵州民族研究》2011 年第 6 期。

艾·里斯和杰克·特劳特指出，在品牌营销领域并不存在客观现实，也不存在事实，更不存在最好的产品。存在的只是顾客心智中的认知。只有这种认知才是事实，其他都是幻觉。[①]

品牌的刻板印象是消费者关于该品牌的主观认知和评价，可能来源于过去的经验、他人的口碑或者广告传播等因素。当消费者形成对某个品牌的正面刻板印象后，这种印象往往会在其心智中产生持久影响，并且会导致更有利的品牌评价、购买意愿等。[②] 在品牌管理中，理解和应用刻板印象的概念至关重要。

然而，品牌管理者常常面临着挑战，即如何改变消费者对品牌的负面刻板印象。由于刻板印象的固定性和难以改变性，一旦消费者形成了负面的印象，重新塑造品牌形象将变得非常困难。例如，三鹿奶粉“大头娃娃”事件发生之后，国内消费者便对该品牌进行长期的抵制和不信任。因此，品牌管理者需要采取有效的策略来塑造积极的品牌印象，并在消费者心智中留下持久的正面印象。

一方面，借助营销传播活动和品牌定位策略，呈现品牌的优势和独特价值来塑造消费者的刻板印象。通过创造性的广告和宣传活动，品牌可以引起消费者的注意，并通过强调品牌的核心价值和与消费者需求的契合度来塑造积极的品牌印象。例如，国产老牌李宁通过推出具有敦煌元素的新品设计，体现出弘扬传统文化的品牌担当，重新树立国潮形象，改变了消费者对李宁固有的老土、过时、无设计感等刻板印象。

另一方面，消费者的体验和接触对品牌正面刻板印象的塑造起着重要作用。当消费者通过实际使用品牌产品或与品牌进行交互时，他

---

① ［美］艾·里斯、杰克·特劳特：《22 条商规》，寿雯译，机械工业出版社 2013 年版，第 24 页。

② 方宝英：《品牌与国家联结、品牌刻板印象与消费者购买意愿的研究》，硕士学位论文，华东师范大学，2021 年。

们的印象往往会受到实际经验的影响。因此，品牌管理者应鼓励消费者尽可能接触和体验品牌，以便塑造他们对品牌的刻板印象。当下火热的“快闪店”能够让品牌和产品与消费者在现实生活中进行面对面沟通，不仅能够促进产品销售，更重要的是能推动品牌印象的形成。总之，品牌的刻板印象在消费者心智中一旦形成，就会变得难以改变。通过有效的品牌管理策略和积极的互动，可以建立消费者对品牌积极正面的刻板印象。

二 品牌印象与光环效应

光环效应最先出现在心理学领域，由 Wells 首次提出，指的是一种夸大的社会印象，类似于太阳光在云雾作用下形成的光环。① 光环效应是一种以偏概全的现象，既可能产生积极影响，也可能产生消极影响，但从客观性来说，都会改变印象的有效性。② “情人眼里出西施”“爱屋及乌”都与光环效应关系密切。

人们倾向于根据整体印象对品牌的某项特质做出评估。当品牌具有一个方面的优秀特质时，消费者会认为，它的其他方面特性也不错；当一个产品成功热销时，会带动产品线上其他产品的销售。这就是营销中的光环效应，也在一定程度上解释了聚焦战略的作用机理。③

品牌的光环效应可以通过消费者的非理性消费行为和从众消费心理发挥作用。研究表明，当消费者无法区分产品的科技含量和质量，往往选择外部线索来推断产品质量并作出评价。④ 这时他们更倾向于相信大多数同类消费者的选择。这种从众消费而引发的“光环效应”

---

① 陆奇斌、赵平、王高等：《消费者满意度测量中的光环效应》，《心理学报》2005 年第 4 期。

② 田圣炳：《原产地形象的光环效应及其营销含义》，《生产力研究》2007 年第 12 期。

③ ［美］艾·里斯、劳拉·里斯：《营销中的光环效应》，《销售与市场》（管理版）2009 年第 7 期。

④ 田圣炳：《原产地形象的光环效应及其营销含义》，《生产力研究》2007 年第 12 期。

有利于形成积极的品牌印象，促进品牌持续快速增长。品牌建设就是这样，创造出品牌光环，使得消费者更容易对产品或者服务产生良好的印象。

此外，成为某种意义上的“引领者”也能帮助品牌形成光环效应。例如，格力是空调领域的领导品牌，可口可乐是最知名的可乐品牌，九阳是豆浆机领域的领导品牌。当品牌和服务具有某种特性的时候，很自然地会被认为在其他方面也不错。在消费者心智中成为引领者，就意味着拥有品牌的领导地位，这种领导地位带来了光环效应。如果一个品牌在某个品类或特性上已经成为行业的领导者，该品牌在潜在消费者的心智中也会被认为是领导者。这样的强势品牌已经成功地建立了品牌的心智定位。

心理学家发现，光环效应是品牌创造价值的主要来源之一。品牌在发展的某一阶段，即使产品已经被竞争对手超越，但消费者的感知仍然滞后，因为品牌的“光环效应”和刻板印象使得品牌有时间和机会对产品进行弥补。

三　品牌印象：首因效应、近因效应

一是品牌印象与首因效应密切相关。首因效应由美国心理学家洛钦斯于 1957 年首次提出，指的是在印象形成过程中，信息出现的顺序对印象产生重要影响的现象，第一次接触到的信息对印象的形成影响更大。[①] 首因效应是建立第一印象的机制，一旦第一印象形成，它会对后来获得的信息起到引导作用，人们往往根据第一印象来理解后续信息。

在品牌消费的思维框架下，首因效应意味着当消费者产生某种需

---

① 王朝阳、叶梓辰：《首因效应和跨文化社群认知：文化维度视野中两种新闻形式的比较实验》，《新闻与传播评论》2023 年第 2 期。

求时，他们心智中会自动搜索，并优先考虑首先联想到的品牌。对于新品类的开创品牌，通常情况下，消费者会首先记住并对其产生信任感。比如在智能手机领域，苹果作为开创者成为部分消费者心中的首选。

二是近因效应与品牌印象也密切相关。近因效应指的是最新获得的信息对印象的影响比之前获得的信息更大的现象。通常来说，对于熟悉的事物之间容易出现近因效应，而对于不熟悉或少见的事物之间容易出现首因效应。消费者更倾向于选择熟悉且与自己心理距离较近的品牌。

首因效应和近因效应为品牌心智定位理论提供了心理学基础。品牌管理者可以利用首因效应和近因效应来塑造消费者对品牌的印象和偏好。通过合理安排品牌信息的呈现顺序，品牌管理者可以利用首因效应来产生积极的第一印象，并以此影响消费者的后续印象和决策。同时，了解近因效应的作用，品牌管理者还可以通过不断提供最新的信息和体验来增强消费者对品牌的认知和好感度。这样的努力有助于建立积极的品牌印象，提升品牌在消费者心智中的地位。

值得注意的是，品牌管理者需要慎重处理首因效应和近因效应，以避免消费者对品牌形成片面或不准确的印象。一个有效的策略是确保消费者能够全面了解品牌的特性和优势，而不仅仅是依靠首次与近期的印象来做出决策。品牌管理者还应该持续与消费者进行沟通和互动，以便及时传达品牌的最新信息和价值。品牌的长期成功需要建立在持久和一致的品牌联想、优质产品和良好的消费者体验基础上。

四　品牌印象：核心价值和外围价值

品牌印象是综合核心价值和外围价值而形成的。根据社会心理学家所罗门·阿施的研究发现，个人特质在形成印象过程中起到重要作用，而其他因素相对次要。基于这个开创性研究，品牌核心理论提出以下几个基本观点。第一，品牌是由核心特质（核心价值）和外围延伸特质（外围价值）组成的系统。这意味着品牌的核心特质是品牌资产的基础，而外围延伸特质则为品牌提供了更丰富和扩展的价值。第二，如果品牌缺乏核心特质，它将失去品牌资产。这表明核心特质在品牌建设中的重要性，一旦丧失，品牌的价值和认可度将大大降低。第三，确定品牌的核心特质，我们应该问自己这样一个问题：如果品牌没有核心特质 X 或 Y，它还能被称为这个品牌吗？这个问题有助于我们识别出哪些至关重要的核心价值，进而在品牌建设中加以强调和传达。①

在品牌建设过程中，首要任务是深入了解品牌的核心特质或价值。这些核心特质或价值可以是有形的或无形的，但缺乏核心价值的品牌只能是一个优质产品的名字，很难获得消费者的认同和形成社群效应。同时，外围延伸特质也应受到重视，这些特质可以是有形的或无形的，为品牌提供了更丰富的特征和价值。品牌的核心特质和外围延伸特质共同构成了品牌识别系统的结构框架。

综上所述，品牌印象的形成受刻板印象和光环效应的影响。刻板印象是消费者对品牌的主观认知，可以通过营销传播和消费者体验来塑造。提供良好的用户体验对于塑造正面品牌印象至关重要。光环效应展现了消费者的非理性消费和从众心理，一款成功热销的产品能够带动其他产品的销售，创造积极的品牌印象。首因效应和近因效应在品牌印象形成中起到重要作用，消费者更倾向于选择熟悉且与自己心理距离较近的品牌。品牌核心理论认为，品牌是由核心价值和外围价值构成的系统，缺乏核心特质会导致品牌缺乏核心价值。品牌管理者应重视确定品牌的核心特质，并通过展示品牌的优势和独特价值来构建消费者的刻板印象。综合运用营销传播、消费者体验和品牌印象等策略非常关键，以确保消费者对品牌持有积极认知和评价，提升品牌

---

① ［法］让－诺埃尔·卡普费雷尔：《战略品牌管理》（第 5 版），何佳讯等译，中国人民大学出版社 2020 年版，第 37 页。

影响力和竞争力。

第七节　品牌化对企业的战略意义

品牌的成功离不开企业战略和商业模式的成功，品牌战略是企业战略的重要组成部分。品牌建设是一种战略行为，需要长期的持续努力。初创企业如何创建品牌，中部品牌如何打造强势品牌，头部品牌如何扩大品牌优势，品牌建设是所有企业必须面对的重要战略问题。

品牌化（branding）是赋予产品和服务以品牌力的过程，[①] 也是在顾客心智中建立品牌资产的过程。通俗地说，品牌化就是如何将顾客认为的普通产品变成品牌产品的过程。战略品牌管理则是站在战略高度，对品牌和品牌化进行长期动态管理的科学与艺术。[②] 总的来说，品牌化对企业的战略意义主要体现在三个方面，即对组织的战略意义、对市场竞争的战略意义以及对产品创新的战略意义。

一　品牌化对组织的战略意义：伟大的品牌始于内心

1. 创建全员履行品牌承诺为基础的组织文化

企业要实现品牌化，必须拥有远大的目标、持续追求卓越的力量以及成功的商业模式。企业内部的品牌化是外部市场品牌化的基础。企业内部品牌化即是调整员工行为，使之与品牌承诺相一致的过程。[③] 品牌理念是企业文化的重要组成部分，它由使命、愿景和价值观组成。

---

① ［美］菲利普·科特勒、凯文·莱恩·凯勒、亚历山大·切尔内夫：《营销管理》，陆雄文等译，中信出版社 2016 年版，第 278 页。

② 何佳迅：《战略品牌管理》，中国人民大学出版社 2021 年版，第 10 页。

③ 鲍建强：《乡村特色产品品牌化：企业与顾客、政府协同战略》，《中南民族大学学报》（人文社会科学版）2022 年第 11 期。

品牌理念与企业理念是同一理念的不同表达。在这样的企业文化中，企业和员工共同坚守品牌承诺。品牌不仅仅是做出承诺，更重要的是兑现承诺。每个员工都深刻理解品牌承诺，将组织转变为品牌理念驱动的机构，并在日常工作中身体力行地履行品牌承诺。通过产品和服务创新，企业和员工共同为顾客创造与品牌承诺相符的价值。

当品牌文化对企业经营战略提供支持时，制定和实施品牌战略和品牌识别往往变得更容易。然而，如果企业经营战略和企业文化模糊不清，进行品牌识别的任务就会变得十分困难。在这种情况下，必须清晰地阐释企业经营战略和企业文化的主要内容，才能顺利进行品牌识别工作。①

案例分享——苹果的价值观。1997 年乔布斯在一次公司内部讲话中说：这个世界纷纷扰扰、充斥着杂音，消费者无从知晓该听谁的声音，我们甚至无法让消费者对我们的品牌留下印象。因此，简洁有助于让消费者理解我们的核心。如今，苹果已成为一个有影响力的品牌，仍然需要投资和运营来增加其影响力与活力。

耐克是营销史上最出色的案例之一。虽然他们的生意是卖鞋，但当你想起耐克时，你会感觉它与其他鞋类公司截然不同。耐克的广告从不关注产品细节，也不强调其产品比其他鞋品更出色。它们所传递的是对运动员和体育精神的尊重。

用户想知道苹果代表什么？苹果的立身之本是什么？在这个世界中，苹果象征着什么？我们不仅仅是制造方便人们工作的工具，尽管我们在这方面表现出色。苹果的核心价值是相信那些充满激情的人能够改变世界，这是我们的信念。我们希望向全世界

① ［美］戴维·阿克、埃里克·乔基姆塞勒：《品牌领导》，耿帅译，机械工业出版社 2019 年版，第 74 页。

传递这个信息。只有那些疯狂到相信自己能够改变世界的人，才能真正实现这一目标。①

2. 企业要尊重品牌“承诺”，追求长期价值，有所为有所不为

品牌承诺就是品牌价值主张，包括功能利益、情感利益和自我表达利益。品牌承诺的目的是获得顾客的信赖，关键在于品牌自我约束和兑现承诺的能力。顾客信任的形成取决于他们的期望与品牌的实际体验是否符合。就像是品牌和顾客之间的一段恋爱关系，顾客需要通过观察品牌的言行来评判其诚信。首先，在恋爱初期，品牌希望展示自己的优秀品质，以吸引顾客增进好感。顾客在与品牌接触之前会对品牌进行多方面的了解，包括外表、性格、信誉、事业、价值观等方面的信息。通过对比、分析和判断，如果第一印象不错，顾客就会决定与品牌见面。其次，接触过程中，品牌不断传递承诺，并通过实际行动证明自己的信誉。顾客通过此过程对品牌有了深入了解，产生了信任和情感。最后，顾客会购买产品，并成为品牌的长期“伴侣”。所以，品牌要持续履行承诺，巩固与顾客的关系，使顾客忠诚并支持品牌。

品牌是企业对顾客的长期承诺，代表着企业的长期价值理念。只有通过不断重复和兑现承诺，品牌才能获得顾客的信任。以同仁堂为例，该品牌在300年前就提出“炮制虽繁必不敢省人工，品味虽贵必不敢减物力”的承诺，成为顾客心智中传统中药的代表品牌。

3. 企业要在短期绩效和长期品牌价值之间找到平衡

在建设品牌资产的过程中，通常会面临两大挑战，即促销活动和短期业绩的压力。促销活动对销量的影响是显而易见的，可以进行量化和评估，而品牌资产的效果往往难以短期内显现。然而，与品牌建设相比，促销活动更容易被竞争对手模仿。过于强调促销活动会给顾

① https：//haokan. baidu. com/v？ pd = wisenatural&vid = 9658421859744368442.

客带来低廉的印象，长此以往会降低品牌的价值。另外，企业面临短期业绩的压力。许多领导者认为，生存下来直接决定了企业未来的发展，因此短期业绩成为当务之急。然而，过分强调短期利益会损害企业的长期利益。因此，企业需要在短期市场业绩和长期品牌建设之间找到最佳的平衡点。

伟大的品牌瞄准的是消费者的心，而不是他们的钱包。品牌资产是一项长期的价值投资，需要长期坚持和积累。品牌存在于顾客心智，短期绩效发生在企业与市场。品牌是针对顾客价值认知与情感需求的一项长期投资，每当顾客对品牌认知加深或情感加强，都意味着品牌在顾客心智中存下了一笔财富。就像往储钱罐里存硬币一样，靠点点滴滴的积累，积累一定程度就会铸就强势品牌。相反，每一次失败的品牌行为，都相当于从顾客心智里取走储蓄，结果将导致品牌资产贬值甚至形象破产。

二　品牌化对市场竞争的战略意义

1. 品牌化意味着未来可以获得更大市场份额

在激烈的商业竞争中，部分企业为了生存和摆脱竞争压力，已经将商品价格挤压到无法生存的境地。因此，许多优秀企业开始探索品牌建设，以寻求新的竞争优势。对于企业家而言，虽然品牌并非唯一选择，却是最高级别的选择。尽管品牌的创建需要长期投入和艰苦努力，却是一种更具远见和明智的选择，能够为企业带来更长远的发展。[①]

需要明确的是，企业实施品牌化并不能立即超越竞争对手，获得更大的市场份额。实际情况是，只有在产品和市场营销方面取得成功，才能真正拥有品牌资产。然而，仅仅在营销方面取得成功并不代表品牌的成功。缺乏品牌忠诚度和质量感知的营销行为，只能被视为短期销售竞争，无法构建出牢固的品牌基础。因此，企业在品牌化过程中

① 卢宏泰：《品牌思想史》，机械工业出版社 2020 年版，第 4 页。

需要注重培养品牌忠诚度，提升产品创新和质量感知，才能真正实现品牌的成功。

2. 品牌化意味着未来可以获得更高的品牌溢价

品牌化的一个重要好处是可以带来更高的品牌溢价，从而获得更高的企业利润，实现企业长期健康发展。因此，成为细分市场的领导品牌是许多品牌发展的目标。在这个过程中，市场规模和市场份额起着至关重要的作用。通常情况下，细分市场的领导者具有定价权。当企业拥有市场定价权时，可以采取品牌溢价的策略，从而获得更高的利润回报。这要求企业持续投入研发创新和顾客开发，不断扩大品牌的竞争优势。强势品牌的产品对于降价促销的依赖程度较低，因为在很多情况下，品牌资产可以支持品牌维持相对较高的价格。通过这种方式，企业能够确保消费者对品牌的高度信任和认可，构建和维护有利于品牌发展的市场地位。

三　品牌化对产品创新的战略意义

1. 品牌化在于寻找品牌基因和品牌印记

品牌是对过去的反应，也是未来的方向。最早的经典产品中的精髓记忆，塑造了品牌的遗传基因。“品牌基因”类似于生物的遗传基因 DNA。这些经典产品的精髓在顾客心智中留下深刻印象，并长期影响着他们的认知。尽管顾客可能会遗忘某些特质，但早期经典产品的精髓会被铭记并产生决定性的影响。这些记忆就是品牌的基因，与细分品类和价值观相关联。顾客一旦理解了品牌基因，品牌的意义就会得到加强和记忆，从而在他们未来的选择过程中产生更强的影响，这种刻板印象很难改变。而品牌基因不仅是产品的记忆，也是产品的未来。[①] 因此，振兴一个老品牌通常需要重温已被遗忘的品牌基因。

---

① ［法］让－诺埃尔·卡普费雷尔：《战略品牌管理》（第 5 版），何佳讯等译，中国人民大学出版社 2020 年版，第 32 页。

经典产品和品牌精髓在顾客心智中留下品牌印记。现代管理学之父彼得·德鲁克说，企业只有两个基本功能：一个是提供差异化的产品和服务；二是通过市场营销成为顾客心智中的首选。品牌化的目标就是通过差异化的经典产品，成为顾客心智中的首选。品牌化是市场细分和产品差异化的结果，而不仅仅是产品、标志和包装的统一，品牌精髓真正能够改变产品本身，就像没有包装的茅台散酒比仿制的更有价值。差异化的经典产品不仅在市场上处于领导地位，往往还成为品类的代表，例如宝马代表操控感最好的汽车，沃尔沃代表最安全的汽车。每个品牌的精髓都会在经典产品中得到充分展现。换言之，那些最具代表性的典型产品往往能够塑造品牌的精髓。例如苹果的iPhone4、老干妈的风味豆豉油制辣椒、劲酒的125ml瓶装，都是各自品牌的最佳代表。

在品牌建设过程中，产品可以变，品牌基因和精髓不能变。由于产品的生命周期和市场竞争的动态性，品牌需要定期推出新产品来吸引顾客。然而，任何产品创新都会引来模仿甚至超越，任何进步都会成为顾客习以为常的标准，因此企业必须不断创新才能满足顾客的期望。然而，品牌在消费者心智中的精髓印象却不能发生变化。品牌基因和精髓引领企业不断创新产品和服务，而这种创新反过来又强化品牌的精髓。品牌基因和品牌精髓作为一种心智专利，在顾客心智中是细分品类或特性的代表，拥有先行者和领导者的市场优势。

2. 品牌化意味着需要打造爆款产品

一个品牌要有影响力，就需要依靠销量足够大的爆款产品。没有成功的营销传播，品牌就无法成为强势品牌。营销界有一句谚语："好产品不一定畅销，畅销的才是好产品。"这句话揭示了热销产品的重要性，因为它能够吸引顾客，并积累品牌资产。热销产品能够给顾客带来超出预期的产品体验，从而建立起品牌初期的知名度、质量感知、品牌忠诚度和品牌联想。例如，小米公司在2013年推出了一款热销经典产品——红米手机。这款手机采用了高性能、高颜值和低价格的策略，为小米赢得了大量年轻粉丝和用户口碑，同时也为小米积累了丰富的品牌资产。

通过打造爆款产品，品牌能够获得更多的曝光和关注。这些产品能够引起市场的广泛兴趣，激发消费者的购买欲望。通过爆款产品的成功推广，品牌可以迅速提升在顾客心中的地位，加强品牌与顾客之间的情感纽带。爆款产品不仅成为品牌的代表，还为品牌建立了强大的市场竞争优势。

值得注意的是，爆款产品并不是只有短暂的一时之热，它们应该被视为品牌发展的长期战略。只有在持续不断地推出具有超凡体验的精品，才能保持现有顾客的忠诚度，扩大潜在顾客群体。品牌要时刻保持敏锐的市场触觉，不断挖掘消费者需求，以此持续推出具有市场潜力的爆款产品。所以，品牌化需要重视打造爆款产品。爆款产品的成功销售和广泛传播是品牌成为强势品牌的关键。

3. 品牌化必须重视质量感知

质量感知指的是顾客在了解某一产品或服务的具体用途后，对其相对于其他同类产品的质量或优势所形成的整体感受。① 所以，质量感知是一种感性认知，是顾客体验产品和服务后对产品形成的主观印象和看法。质量感知对购买决策起到关键作用，顾客对产品和服务的质量感知一旦失去，就意味着失去了顾客。质量感知不仅是品牌联想的关键元素，也是品牌资产的重要组成部分。

研究表明，质量感知对投资回报率产生了直接的影响，从而为品牌创造了实际的利润。这种影响主要表现在以下三个方面。首先，质量感知影响市场份额。在竞争激烈的市场环境下，顾客对产品的质量

---

① ［美］戴维·阿克：《管理品牌资产》，吴进操、常小虹译，机械工业出版社 2019 年版，第 93 页。

感知越高，他们越倾向于选择这些产品，进而使得企业在市场中获得更大的份额。其次，质量感知对产品定价策略产生影响。消费者愿意为高品质的产品支付更高的价格，因此企业可以通过制定相对较高的价格，不断投入于质量改进，这样就能建立起品牌的竞争优势。最后，提高质量感知可以赢得更多顾客的忠诚度和口碑传播，进而降低营销成本，提高企业的利润水平。当顾客对产品和服务的质量感知较高时，他们更有可能成为品牌的忠实消费者，并将对产品的积极评价传播给他们的朋友、家人和同事。这种口碑传播不仅节省了营销成本，还为企业赢得了更多的潜在客户。①

综上所述，质量感知在购买决策中起到至关重要的作用。它不仅影响市场份额和产品定价，还直接影响企业的利润。因此，在品牌发展过程中，我们应重视和提升产品和服务的质量感知，以满足消费者的期望，进而提高品牌的竞争力和利润率。

---

① ［美］戴维·阿克：《管理品牌资产》，吴进操、常小虹译，机械工业出版社 2019 年版，第 99 页。

第二章　品牌识别系统：维度与结构

品牌联想（品牌资产的重要维度之一）是由组织希望品牌在消费者心目中的品牌识别驱动的。从这一意义上讲，建设强势品牌的关键就是开发并完善品牌识别。① 品牌识别是战略品牌的核心，深刻影响着品牌的未来。品牌识别是战略性的，而不是战术性的。② 它为品牌提供了方向、目标和意义，推动品牌建设和管理活动。因此，品牌建设需要从一开始就建构清晰品牌识别系统，才能引领品牌发展的方向。

在品牌创建和管理实践方面，最重要的概念不是品牌资产，也不是品牌形象，而是品牌识别。③ 企业实施品牌战略，必须从品牌识别开始。品牌建设成功的关键是要理解如何建构品牌识别，建设品牌识别系统，以及如何有效地向顾客传达品牌识别。

品牌就像一个储钱罐，不仅存储着产品的功能特点，同时也储存着其内涵和价值。④ 因此，品牌识别系统既是一个符号系统，也是一个价值系统。品牌识别作为一种价值符号，其建构和形成过程也反映了品牌资产实现的全过程。

---

① ［美］戴维·阿克：《创建强势品牌》，李兆丰译，机械工业出版社 2019 年版，第 23 页。

② ［美］戴维·阿克：《创建强势品牌》，李兆丰译，机械工业出版社 2019 年版，第 66 页。

③ ［法］让－诺埃尔·卡普费雷尔：《战略品牌管理》（第 5 版），何佳讯等译，中国人民大学出版社 2020 年版，第 37 页。

④ ［美］玛格丽特·马克、卡罗尔·皮尔森：《如何让品牌直击人心：品牌的 12 个心理原型》，侯奕茜译，中信出版集团 2020 年版，第 3 页。

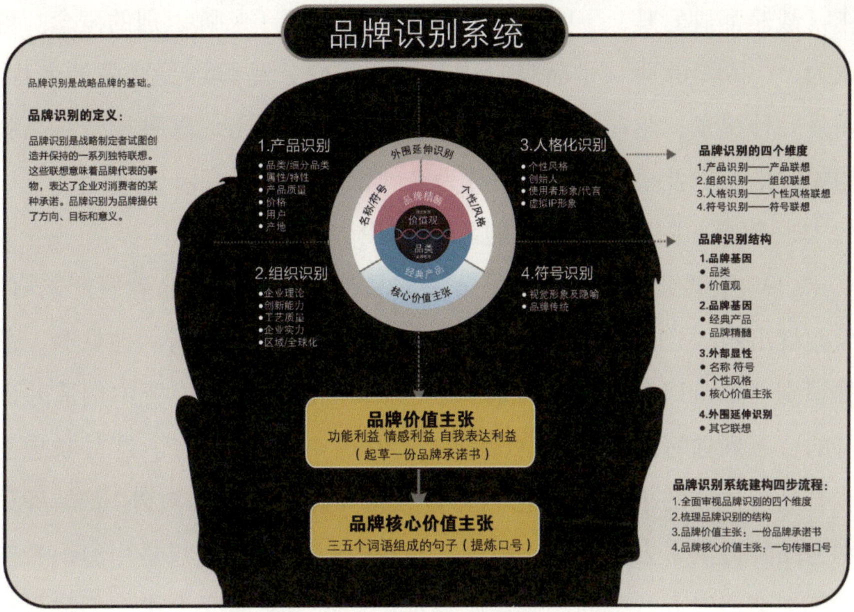

图 2－1　品牌识别系统：维度与结构

第一节　什么是品牌识别

在全球范围内，品牌管理研究领域涌现出了三位权威学者，他们分别是卡普费雷尔（法）、戴维·阿克（美）和凯文·莱恩·凯勒（美）。这三位学者曾对品牌识别概念进行了定义和诠释，然而他们的观点在维度和概念含义上存在较大差异。因此，我们需要对这三位学者对品牌识别概念的理解进行深入分析，以利于澄清概念的"所指"，从而确立本书所采用的"品牌识别"概念和范围。

一　品牌识别的三种定义

1. 卡普费雷尔：品牌识别概念的提出者

卡普费雷尔 1986 年首次提出了"品牌识别"的概念，并在代表作《战略品牌管理》（1991 年）中，详细阐释了品牌识别的概念。他认为，“品牌识别”是品牌管理的核心概念，品牌不是产品的名称，而是一种愿景，驱动企业以此名称创造产品和服务。这种愿景、品牌的关键信念以及核心价值观被称为品牌识别（brand identity）。①

2. 戴维·阿克：品牌识别系统的建构者

1991 年戴维·阿克出版了第一部品牌专著《管理品牌资产》，此后相继出版《创建强势品牌》《品牌领导》等系列专著。他认为，品牌识别（brand identity）是战略制定者试图在消费者心智中创造并保持的一系列独特品牌联想（品牌资产的重要维度之一）。这些联想意味着品牌代表的事物，表达了组织对消费者的承诺（对外）。品牌识别为品牌提供了方向、目标和意义（对内）。② 品牌联想是由组织希望品牌在消费者心智中的品牌识别驱动的。从这个意义上讲，创建强势品牌的关键就是开发并完善品牌识别。③

3. 凯文·莱恩·凯勒：品牌识别是名称、标志、符号等品牌特征或元素的集合

1998 年著名学者凯文·莱恩·凯勒出版了专著《战略品牌管理》。书中较少提及品牌识别，多用“品牌元素、品牌知识”等术语。他认为，品牌元素也叫品牌特征，指的是那些用于识别和区分品牌的标记设计，主要元素有：品牌名称、标志、符号、代言人、口号、广告曲、包装符号等，全套品牌元素构成了品牌识别（brand identity）。④ 品牌识别对品牌认知和品牌形象起着重要作用。由此可见，他认为品牌识别就是一些识别和区分作用的标记设计，这是品牌概念原始意义的延

① ［法］让－诺埃尔·卡普费雷尔：《战略品牌管理》（第 5 版），何佳讯等译，中国人民大学出版社 2020 年版，第 151 页。

② ［美］戴维·阿克：《创建强势品牌》，李兆丰译，机械工业出版社 2019 年版，第 64 页。

③ ［美］戴维·阿克：《创建强势品牌》，李兆丰译，机械工业出版社 2019 年版，第 23 页。

④ ［美］凯文·莱恩·凯勒、沃妮特·斯瓦米纳坦：《战略品牌管理（第 5 版）：创建、评估和管理品牌资产》，何云、吴水龙译，中国人民大学出版社 2020 年版，第 124 页。

伸（见图2－2）。

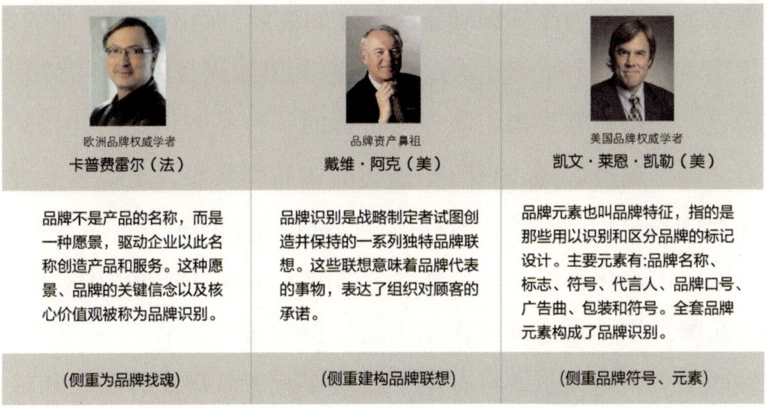

图2－2　三位欧美学者眼中的品牌识别概念

二　品牌识别三种定义比较

1. 卡普费雷尔：狭义的品牌识别，品牌识别是一种理念

卡普费雷尔认为“品牌识别”的内核是使命、愿景、价值观在产品和服务上的体现，是一种企业视角的品牌管理理论。品牌识别回答了一个简单且基础的问题，是什么造就了品牌？（是什么使华为成为华为品牌？是什么使小米成为小米品牌？）品牌识别应聚焦于为品牌找魂（理念）。企业创建强势品牌需要围绕品牌灵魂展开。品牌识别意味着品牌有自己的品格，有自己独特的抱负和志向。对品牌识别进行清晰地定义，需要回答以下问题：①品牌永恒的奋斗动力是什么（使命）？②品牌独有的愿景、价值观是什么？③是什么使品牌与众不同？④品牌满足顾客什么需求？⑤品牌的意义是什么？⑥品牌能够运营的领域是什么（品类）？⑦品牌的识别符号是什么？[①]

2. 戴维·阿克：广义的品牌识别，品牌识别是一个系统，是战略

① ［法］让－诺埃尔·卡普费雷尔：《战略品牌管理》（第5版），何佳讯等译，中国人民大学出版社2020年版，第152页。

制定者试图在顾客心智中创建的一系列品牌联想

戴维·阿克认为品牌识别是战略性的决策，而不是战术性的方案。品牌识别表达了一种企业意图，即品牌希望如何被顾客所感知。[①] 对企业而言，是以顾客感知、联想为目标的一种品牌识别的建构；对顾客而言，则是通过认知、判断和感受形成品牌联想，是顾客品牌知识接收和存储的过程。戴维·阿克拓宽了品牌识别的概念，将产品维度、组织维度、人格化维度、符号维度全部纳入品牌识别的范围。他认为，通常的品牌识别（理念或者视觉识别）概念过于狭窄。[②] 一个广义的、系统性的品牌识别概念，将有助于战略制定者管理品牌联想和传播行为。品牌识别是品牌战略的基础，驱动着品牌联想。品牌印象、品牌形象、品牌资产都是通过品牌识别来管理的。

3. 凯文·莱恩·凯勒：狭义的品牌识别，品牌识别是一些符号元素

凯文·莱恩·凯勒认为品牌创建的关键在于顾客“发现识别品类—接收产品功效和形象信息—形成判断和感觉—产生共鸣融入”的过程，这个过程是顾客通过感官接收、判断感受和意识行为的层层递进，重在顾客的感知和心智认知过程，是一种基于顾客认知模式的品牌建构视角（参见第一章基于顾客的品牌资产金字塔模型）。他眼中的品牌识别只是一些品牌符号元素或元素的集合。品牌识别侧重于符号元素，是一种相对狭义的理解。

因此，我们可以看出，这三位欧美学者对于品牌识别的定义和理解存在差异。如果我们不仔细考察和深入理解他们各自的概念，在阅读他们的专著时就很容易曲解他们的思想，甚至产生截然相反的理解。

三 本书采纳戴维·阿克的“品牌识别”的定义

品牌联想是重要的品牌资产之一。企业对品牌联想进行管理，落

---

① ［美］戴维·阿克：《创建强势品牌》，李兆丰译，机械工业出版社2019年版，前言。
② ［美］戴维·阿克：《创建强势品牌》，李兆丰译，机械工业出版社2019年版，第72页。

地执行要从创建和管理“品牌识别系统”开始。阿克的品牌识别系统从四个维度考察了顾客的四种品牌联想（产品联想、组织联想、人格化联想、符号联想），这种结构化的联想结构，有利于企业从多维视角来审视和管理品牌识别，同时也与消费者的品牌认知模式吻合（品牌识别的结构部分将详细介绍）。一个多维的、全面的品牌识别系统，将有助于企业管理品牌的传播行为。

所以，本书采纳戴维·阿克“品牌识别”的定义，继承并发展了其“品牌识别”的思想。品牌识别将品牌联想、品牌印象、品牌形象、品牌共鸣等相关概念联系起来，为品牌提供了全方位的、系统化的、结构化的认知框架。

第二节　品牌识别的误区

前面考察了“品牌识别”的几种定义，并确立了本书“品牌识别”的定义。品牌识别是一种品牌建构的思维框架，也是一个符号价值系统。本书提到的“品牌识别”不能简单地理解为“品牌辩识度”“品牌身份”“品牌认同”或“品牌识别符号”。需要强调的是，品牌识别是战略性的方案，而不是战术性的决策。以下，通过厘清品牌识别常见的几个错误理解，将进一步帮助我们理解品牌识别的概念。

一　“品牌识别＝品牌形象”的误区

现在品牌策划和艺术设计类的教材和专著很多，其中以“品牌形象设计”“品牌形象识别设计”“品牌形象与 CIS 设计”命名的书籍并不少见，这类书籍侧重于品牌的视觉识别。很多读者甚至将“品牌形象”与“品牌识别”的概念混为一谈。

从传播学视角来看，品牌识别是基于信息发送者的概念，品牌形象是基于信息接收者的概念。[①] 从认知过程来看，顾客的“品牌识别”先于“品牌印象、品牌形象”。从心理学角度讲，形象是人们反映客体而产生的一种心理图式。品牌形象是消费者对过去品牌知识联想的集合，它反映了品牌在顾客记忆中的图景。品牌形象是一种顾客主观的印象，是顾客对品牌已经形成的、固有的看法，是一种个人倾向性的总体判断。企业是品牌的创建者和管理者，创造和发送品牌识别信息，通过媒体传达给消费者，最后形成顾客心智中主观的品牌印象，这种印象就是品牌的形象。而品牌识别是品牌印象、品牌形象的管理工具，它是由战略制定者创建，并经此来管理品牌传播和顾客的品牌联想，从而建立良好的品牌形象。

品牌形象是被动的，面向过去的；而品牌识别应该是主动的，面向未来的，反映了品牌试图创建和拥有的顾客联想。[②] 形象是针对接收者，是一种顾客主观的看法，完全由顾客决定。企业只有积极、主动地创造品牌识别，引导品牌形象，使顾客产生共鸣，才能成功建立品牌形象（见图 2－3）。

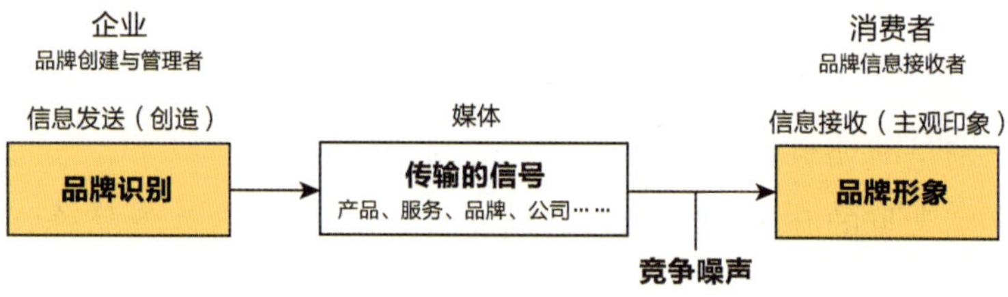

图 2－3 品牌识别与品牌形象的关系

资料来源：［法］让－诺埃尔·卡普费雷尔：《战略品牌管理》（第 5 版），何佳讯等译，中国人民大学出版社 2020 年版，第 154 页。

---

① ［法］让－诺埃尔·卡普费雷尔：《战略品牌管理》（第 5 版），何佳讯等译，中国人民大学出版社 2020 年版，第 154 页。

② ［美］戴维·阿克：《创建强势品牌》，李兆丰译，机械工业出版社 2019 年版，第 66 页。

二　“品牌识别＝企业形象、CIS或VI”的误区

1. 企业形象的误区

企业形象（Corporate image 或 corporate reputation）一般是指企业实体在大众心目中的主观反映，也就是人们对企业的整体印象和看法。[①] 企业形象的确能影响消费者对品牌的看法，但不是消费者看待一个品牌的全部。企业形象是消费者对企业组织形成的认知和判断，是品牌联想的组织联想部分。

近年来，企业界和学术界经常谈论“企业形象”问题，但目前国内对企业形象仍然存在着模糊，甚至是错误地理解。特别是把企业识别系统（Corporate identity system，以下简称 CIS）与企业形象混为一谈。很多教材和专著，有时把 CIS 等同于企业形象，有时又把 CIS 解释为“企业形象战略”。这些都是概念混乱造成的，是不准确的。

2. CIS 企业识别系统的误区

当谈及品牌识别时，人们往往会联想到 CIS 企业识别系统（主要包括理念识别 MI、行为识别 BI、视觉识别 VI）。CIS 侧重于企业内部组织文化建设、组织管理，是一种“由内而外”的企业管理工具。

由于企业组织可以演变为企业组织品牌，很多人会将品牌识别和企业识别混为一谈。品牌识别是建立在品牌管理基础上的，以顾客为中心，旨在推动品牌化。品牌识别可以从四个维度来考量，包括产品识别、组织识别、人格化识别和符号识别（详见第三节介绍）。从消费者的角度来看，品牌的范畴要大于企业组织，品牌识别要大于企业识别。品牌识别系统吸收了企业识别系统的部分思想，例如组织识别部分包含了企业理念识别，符号识别也可能包含了企业的视觉识别（VI）。当一个企业演变为品牌时，则需要从企业的视角转换为顾客的视角，企业理念（MI）可以

---

① ［英］印德：《企业形象——有效的企业身份战略》，陈朝生、肖永英译，广东旅游出版社 1992 年版，第 32 页。

转化为品牌理念，企业视觉识别（VI）可以转化为品牌视觉识别（VI）。

3. 企业视觉识别（VI）和品牌视觉识别（VI）的差异

传统的企业视觉识别（VI）是企业识别系统（CIS）的一部分，其核心是以企业为中心，主要关注企业内部和管理层面，帮助企业塑造统一的形象。企业视觉识别基于企业理念识别（MI）和行为识别（BI），通过视觉形象传达企业的理念和文化。虽然品牌视觉识别是从企业视觉识别发展而来的，但它们在主体和性质上发生了根本的变化。企业视觉识别注重的是企业自身，将企业置于中心位置；而品牌视觉识别则将顾客置于中心位置，着眼于顾客的感知和联想。尽管二者只有一词之差，但它们目标对象存在明显的差异。

品牌视觉识别更加关注消费者的认知和联想，将消费者置于中心地位。品牌视觉识别的核心任务是通过明确定义的视觉符号来识别品牌，传递品牌的意义和价值。其目标是通过有价值、美的视觉符号，帮助消费者快速识别、记忆、搜索和传播品牌。然而，拥有一个完善的品牌视觉识别系统并不意味着企业已经成为品牌。当企业通过持续运营演变为品牌，企业视觉识别（VI）则会演变为品牌视觉识别。这个阶段，企业需要重新审视品牌识别系统、品牌核心价值和品牌个性，以消费者为中心进行品牌视觉识别的升级。

4. 品牌 VI 视觉识别的误区

VI 视觉识别的误区在于过于强调品牌标志和 VI 视觉识别手册，而忽视了品牌的本质。虽然品牌标志、色彩、IP 形象等视觉元素在品牌识别中起到重要的作用，但仅仅依靠这些视觉设计是片面的。VI 视觉识别手册是一个管理品牌视觉识别的工具，它所代表的仅仅是品牌的符号联想部分。然而，在没有清晰定义品牌的情况下，企业仅仅进行视觉设计，很可能会导致品牌的本末倒置。① 如果视觉部分不能准

① ［法］让-诺埃尔·卡普费雷尔：《战略品牌管理》（第 5 版），何佳讯等译，中国人民大学出版社 2020 年版，第 153 页。

确传达品牌的信息，即使设计再唯美，也会使整个品牌形象失去原本的含义。因此，在进行品牌视觉设计时，需要清晰地定义品牌对顾客而言意味着什么。品牌名称、标志、颜色、IP 形象的设计都应该源自品牌的精髓和核心识别。只有当这些视觉元素能够准确地表达品牌的内涵和特点，才能确保品牌形象的一致性和有效性。

三　“品牌识别 = 品牌定位”的误区

“品牌定位”源于定位理论，是品牌营销竞争战略的核心问题。品牌定位目标是潜在顾客，参照对象是明确的竞争者，目标是确立品牌在潜在顾客心智中的优势点，从而赢得潜在顾客的选择。

品牌定位的误解就是，过度强调品牌的竞争优势，而忽略了品牌识别的全面性和系统性。定位口号向潜在顾客传达品牌的优势（相对于竞争对手）。然而，这种方式缺乏对品牌的产品联想、组织联想、人格联想、符号联想、品牌核心识别以及品牌价值主张的全面和系统的指导。因此，品牌定位只是品牌识别系统和价值主张的一部分。两者只有紧密配合，才能创建强势品牌。

品牌识别与品牌定位在目标对象、内涵、作用范围方面有所区别（见表 2－1）；品牌识别是战略品牌的基础；而品牌定位则是品牌识别的一部分，它是营销竞争战略的核心。只有确立了品牌识别，才能够有力地支撑品牌定位的实施，从而为企业创造出持久的竞争优势。

表 2－1　　品牌识别和品牌定位的区别

	品牌识别	品牌定位
目标对象	外部：顾客（细分市场） 内部：员工（组织）	外部：潜在顾客
目的	为品牌建设提供方向、目标和意义	目的是成为顾客心智中品类或特性的代表品牌，从而赢得竞争

续表

	品牌识别	品牌定位
内涵	品牌识别是战略制定者试图在顾客心智中创造并保持的一系列独特联想	品牌定位是一种顾客认知框架，是一种竞争性的营销传播策略
内容	提供一个结构化的品牌识别系统，主要有四个维度：产品识别、组织识别、人格化识别、符号识别	品牌定位聚焦顾客心智中决定购买的差异点。一个词占据顾客心智
二者关系	品牌识别是战略品牌的基础，对品牌定位进行管理	品牌定位是营销竞争战略的核心，是品牌识别系统的一部分

四　品牌识别：外部市场竞争的误区

一些营销者认为，品牌识别的主要作用是为了应对顾客认知和市场竞争问题，并在市场中促使顾客感知和理解品牌，唤起购买欲望并引发购买行为。然而，如果管理者仅仅关注这一外部视角，就可能忽视了品牌识别对组织内部的价值。

品牌识别系统为组织提供了理解其价值观和目标的框架，帮助员工理解和认同品牌的愿景与价值观。只有当组织和员工对品牌的愿景和价值观有深刻的理解和共识时，才能实现企业的目标。在企业内部视角下，品牌识别的作用更加注重管理组织和员工的品牌意识。品牌意识是组织内部的一种文化，能够在员工中形成共同的品牌理念和目标，并使他们积极参与实现品牌愿景和目标。

因此，品牌识别的作用既包括在外部视角下应对市场、顾客和竞争的问题，又包括在企业内部视角下管理组织和员工的品牌意识。只有通过品牌识别，组织和员工才能深入地认识并共同肩负品牌的愿景和价值观，从而实现共同的目标。

五　“品牌识别＝产品属性”的误区

部分营销者存在一个错误的认识，即产品属性是顾客决策和市场竞争力的唯一因素，这导致了对于产品属性的过分重视。虽然产品是品牌的重要组成部分，但品牌识别仅仅聚焦于产品会存在局限性，主要体现在以下几个方面。

首先，产品属性难以实现品牌差异化。由于产品容易被其他品牌模仿，并且很可能被优化后超越，产品同质化就会出现。

其次，顾客的大多数购买行为是非理性的。研究表明，消费者在购买决策时仅仅依靠少量信息、个人情感和直觉，并没有我们想象中那么理性。①

最后，营销人员过于强调产品属性会限制品牌延伸，降低战略灵活性。虽然强大的产品属性联想可能成为品牌优势的源泉，但也会限制品牌延伸的可能性。

例如，马应龙延伸到口红产品，顾客购买和使用口红时会联想到痔疮膏；格力推出手机产品，顾客购买和使用手机时会联想到空调。

综上所述，通常的品牌识别概念过于狭窄。为了帮助战略制定者跳出以上五个误区，需要一个更全面系统的品牌识别概念。这样的概念将有助于更好地理解品牌的多个维度。借助这个更为全面的品牌识别概念，战略制定者可以更好地制定品牌识别策略，提升品牌传播效率，从而在市场竞争中取得优势。②

第三节　品牌识别的四个维度

对于那些成功的强势品牌来说，顾客在回忆和联想时通常会从多个维度出发。例如品牌名称、标志、产品、功能、价格、个性、企业

---

① ［美］戴维·阿克：《开创新品类：赢得品牌相关性之战》，杨岱若译，机械工业出版社2020年版，第48页。

② ［美］戴维·阿克：《创建强势品牌》，李兆丰译，机械工业出版社2019年版，第72页。

规模、企业文化、创始人，等等。顾客接触到的品牌信息越多，或者体验经历越深入，品牌联想就会更加丰富。

品牌联想是记忆中与品牌相关的一切事物。[①] 联想网格记忆模型认为，记忆是由节点和相关的链环构成的。节点代表存储的信息和概念，链环代表这些信息或概念之间的联想强度。所以，品牌的信息也被存储在记忆网络中，包括与品牌相关的语言、图像、体验或者文字含义中的信息。[②]

为了确保品牌识别具有内涵和深度，企业可以从四个维度构建品牌识别，即产品维度、组织维度、人格化维度和符号维度。这四个维度对应着顾客的四种品牌联想，分别是产品联想、组织联想、人格化联想和符号联想（如图 2-4 所示）。产品联想包括品类、属性、质量、价格、使用情境、产地等方面；组织联想包括企业理念、规模、创新能力、工艺质量、可信度、区域或全球化等；人格化联想包括个性、风格、气质、品牌—顾客关系等方面；符号联想包括名称、标志、视觉及隐喻等（如图 2-5 所示）。

在进行品牌识别规划和分析时，需要全面审视这四个维度，以及它们所对应的四种顾客品牌联想。然而，在实际的品牌建立和管理实践中，并不需要四个维度都一一对应。根据具体品牌的情况，可能只有一两个维度是可行的。[③]

一　产品识别维度：与产品相关的品牌联想

与产品相关的品牌联想是品牌识别最重要的部分。产品不仅仅是

① ［美］戴维·阿克：《管理品牌资产》，吴进操、常小虹译，机械工业出版社 2019 年版，第 120 页。

② ［美］凯文·莱恩·凯勒、沃妮特·斯瓦米纳坦：《战略品牌管理（第 5 版）：创建、评估和管理品牌资产》，何云、吴水龙译，中国人民大学出版社 2020 年版，第 41 页。

③ ［美］戴维·阿克：《创建强势品牌》，李兆丰译，机械工业出版社 2019 年版，第 74 页。

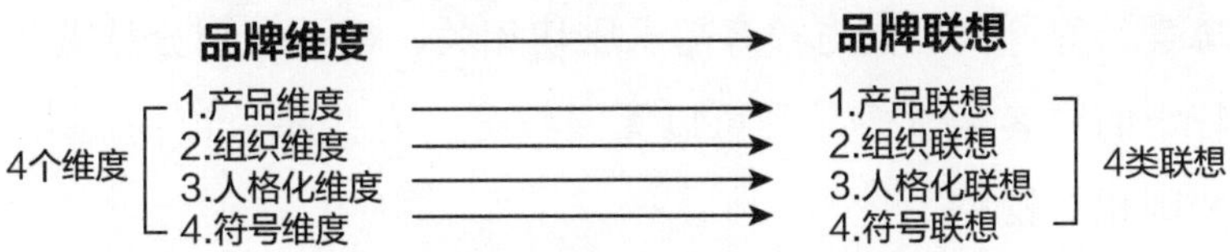

图 2 –4　品牌识别与品牌联想的关系

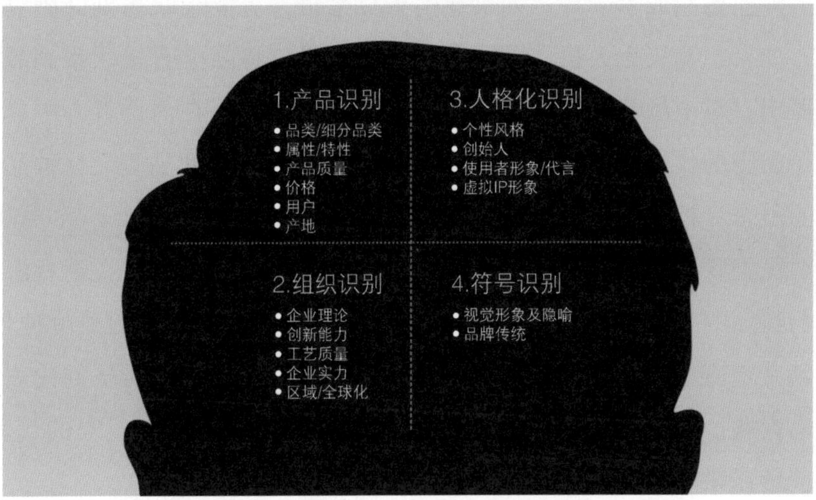

图 2 –5　品牌识别的四个维度及识别元素

顾客购买的商品，更是他们使用和体验的对象。很多企业将产品研发和创新视为当务之急，以确保产品能够满足顾客需求并保持竞争力。当我们提及某个品牌的产品时，我们会自然而然地联想到它所属的品类、产品特征、质量、价格、消费人群、使用场景、原产地，等等。这些联想与用户体验和购买决策存在密切的关联。

1. 产品类别：品类联想

品类即产品所属的分类，分为大品类和细分品类。例如，鞋是一个大品类，而细分品类包括女鞋、男鞋、皮鞋、布鞋、凉鞋、棉鞋、运动鞋、登山鞋等。根据顾客需求的不同，细分品类又可以进一步细化，如女鞋又可以分为高跟鞋、平底鞋、运动鞋、户外鞋、乐福鞋、芭蕾舞鞋，等等。品类与顾客需求密切相关，每一个细分品类代表着一类特定的顾客需求。品类可以无限细分，有些品类市场需求较大，而有些则相对较小。

在消费者产生某种需求以后，他们会首先考虑具体的品类，然后选择相应的品牌。例如，如果想购买一双篮球鞋，很可能会联想到耐克、阿迪达斯或李宁等；如果想购买豆浆机，可能会联想到九阳豆浆机；如果想购买无人机，可能会联想到大疆。将品类直接联系到品牌的联想，对市场营销具有重要价值。如果某个品牌在消费者心中成为某个品类的代表，那么它就是该品类中最具影响力的品牌，这种品牌联想就是一种非常有价值的品牌竞争优势。

品类联想对于品牌的建立和巩固至关重要。品牌需要在消费者心中与特定的品类产生强烈的关联，以打造自己在市场上的独特地位。当消费者需要某种类别的产品时，他们会首先考虑该品类下的代表品牌。因此，一个品牌如果能够在消费者心中成为某个特定品类的代表，就能够在激烈的市场竞争中建立稳固的竞争优势。

2. 产品属性识别：功能利益特质与情感利益特质联想

产品的功能利益特质和情感利益特质是消费者选择某一品牌的重要决策因素。当消费者将产品的某种功能特质与其需求联系时，该产品属性和利益就会对顾客的购买行为产生了强大的推动力。例如，我们发现自己有头皮屑时，就会立即联想到购买一瓶海飞丝来解决这个问题。同样，我们对汽车的安全性能有很高的要求时，很可能会选择购买一台沃尔沃。

除了产品的功能利益特质，产品所传递的情感利益特质对消费者也有重要意义。例如，为了表达对女朋友的爱情，年轻人可能会考虑送她一盒哈根达斯。而在春节回家时，为了表达对长辈的孝心，我们可能会给考虑给父母送一盒脑白金。

在品牌营销中，功能利益和情感利益的联想对于品牌建设具有重要意义。产品的功能特性满足了消费者的特定功能需求，而情感利益则触动了他们的情感需求。品牌需要将产品的功能利益与情感利益进行巧妙地结合，以营造出与消费者情感共鸣的品牌联想。

3. 质量与可靠性：质量联想

质量与可靠性是产品的重要属性，同时也是品牌识别的重要元素。对于企业而言，如果产品质量不佳，它很难成为一个有影响力的品牌。质量不仅会影响产品的价格，也代表了企业持续创造精品的实力。很多企业依靠出色的产品质量赢得了市场份额，并逐渐发展成为强势品牌。对于消费者而言，质量感知是非常重要的，尽管他们对产品质量的感知与实际的质量可能并不完全一致。但这种质量感知的联想却具有重要意义。例如，当我们想购买一辆质量可靠的汽车时，许多消费者可能会立即联想到丰田这个品牌；而当谈到空调的质量时，消费者可能会立刻联想到格力。质量感知的联想，一方面是基于消费者过去的使用经验，另一方面可能是基于用户口碑传播形成的印象。因此，产品的质量和可靠性是品牌成功的关键要素。企业需要通过提供高产品的质量感知来塑造自己的品牌联想，并赢得消费者的信任。

4. 产品价格：价格联想

价格联想是重要的识别要素，产品的价格直接影响消费者对品牌的档次评估和心理价位。然而，产品价格和品牌价格之间是有区别的。产品价格是根据产品的人工、材料、工艺和管理成本等因素来确定的，而大部分品牌则是根据市场需求、消费者承受力和价格预期来制定价格。

从消费者的角度来看，大众品牌通常具有较高的性价比，因此大多数消费者都能够负担得起。而高档品牌则往往具有更高的品质和价格。奢侈品牌追求极致的品质，价格可能是大众或高档品牌的数十倍。因此，产品的价格不仅仅是一个数字，它承载着消费者对品牌的认知和期望。消费者会根据品牌的价格来判断其品质和地位，从而决定是否购买。所以，产品的价格对于品牌形象的塑造和消费者购买决策具有重要作用。我们需要认识到价格与品牌之间的关系，并通过制定合理的价格策略来满足消费者需求，从而增强品牌竞争力。

5. 经典产品

每个品牌都需要打造经典（旗舰、爆款）产品，没有经典产品的支持，品牌很难在市场上建立起自己的地位。经典产品经过时间和市场的考验，竞争者可能会模仿它们的外观或功能，但却无法模仿它们所带来的经典的品牌联想。这些经典产品通常是品牌的原型产品，它们代表着品牌的核心理念和价值观。

中国的劲酒小瓶装产品在几十年前就已经推出，并且至今仍然是该品牌的旗舰产品，也可以被称为爆品。这款产品通过多年的时间不断获得消费者的认可，成为品牌的代表。而农夫山泉的500毫升瓶装产品，也在早期推动了农夫山泉的品牌创建。这款产品成了农夫山泉品牌的经典，为后续延伸品牌的发展打下了基础。

因此，每个品牌期望树立起自身的形象和地位，都需要拥有经典的产品作为基石。这些经典产品代表着品牌的核心价值，并且在消费者心中形成了强烈的联想。

6. 产品用户：使用者联想

品牌的使用者联想是品牌形象的延伸。在品牌建设中，使用者联想扮演着重要的角色。每个品牌都针对特定的细分人群，这些人群往往具有相似的特征和需求。例如，足力健专注于老年人群体，而强生则专注于婴儿和幼儿。消费者对一个品牌的感知很大程度上受到该品牌使用群体的形象和地位的影响。一些消费者为了追求身份认同或自我尊重，会受到产品的使用群体影响，从而激发购买行为。奔驰车让人联想到成功的商务精英群体，耐克让人联想到爱运动的年轻人，北面让人联想到户外爱好者等。

使用者联想经常成为消费者购买决策的重要影响因素，因为购买某个品牌的产品可以使消费者与其背后的群体产生共鸣和认同。很多品牌专家将使用者联想作为品牌策略的关键要素，以建立与目标人群的深度情感连接，从而提升品牌的影响力和市场竞争力。

7. 使用场景联想

使用场景就是消费者使用产品的场景和情境。例如，星巴克在消费者心中，所卖的不仅仅是咖啡，更是一种除了家庭和办公室之外的第三休闲空间，一个让人感到愉悦和放松的休闲场所。而科大讯飞的办公本主要用于会议室，帮助商务人士高效记录会议内容，并整理成会议纪要。不同场景或情境下的消费者会有不同的需求，使用场景中的个性化需求也具有消费驱动力。通过有效地与特定场景和情境进行关联，品牌可以在消费者心中建立起更深的共鸣和认同。这种使用场景联想方面的品牌策略有助于品牌打造独特的品牌形象，进而增强品牌吸引力和市场竞争力。

8. 产地联想

产地联想也是品牌建设中一个重要的元素。产地既可以是国家也可以是具体的地区。品牌与产地之间的联系具有重要价值。一些地方特色产品在品牌中突出地标明产地，消费者就会联想到该地区所拥有的独特资源和优势。比如，全聚德烤鸭让人联想到正宗北京的口味和文化；伊利牛奶可以让人联想到内蒙古的纯净牧场。

产地联想能够为品牌带来独特的文化、品质和信任的认同感。消费者倾向于认为特定地区生产的产品在质量、口感或特色方面有独到之处，从而增加他们对这些品牌的好感度和信任度。一些营销者会充分利用产地联想，通过定位品牌于特定地区的形象，打造独特的品牌标签和故事，从而提升品牌的声誉和市场地位。

二　组织识别维度：与组织相关的品牌联想

当消费者联想到某品牌背后的企业，就会产生组织联想。组织联想对一个品牌至关重要，因为消费者在了解和选择一个产品或品牌时候，不可能完全不考虑生产它的企业。组织识别的维度主要聚焦于组织相关特征的联想。例如企业理念、创新能力、工艺与质量、社会关注度与可信度、区域或全球化方面的特征。

1. 企业理念：使命、愿景、价值观

企业没有强大的理念和文化，再高明的战略也无法成功。[①] 企业的使命、愿景、价值观定义了一个企业“存在的意义”“活多长、做多大”“信奉什么、怎么干”的问题。

使命（存在的意义）。使命就是解决了什么社会问题，是企业存在的根本动力。所有组织和企业的领导者只有一件事，就是让企业“活好、活长”。使企业“活好、活长”的唯一途径就是可持续地解决社会问题。现代管理学之父彼得·德鲁克说“企业的本质是为社会解决问题，一个社会问题就是一个商业机会”。使命是制定企业战略的起点，而不是终点。例如，阿里巴巴的使命是“让天下没有难做的生意”，华为的使命是“构建万物互联的世界”。

愿景（活多长，做多大）。愿景就是给组织员工和顾客描绘出将来的图景，即企业将来会发展成什么样，为社会创造了多大的价值。例如，阿里巴巴的愿景是“到 2036 年服务 20 亿消费者，创造 1 亿就业机会，帮助 1000 万家中小企业盈利”。

价值观（信奉什么、怎么干）。企业价值观是指企业在追求经营成功过程中所推崇的基本信念和奉行的价值原则，去为顾客、企业、社会创造价值。一个企业，只有当大部分员工的个人价值观与企业价值观趋同时，企业的整体价值观才可能形成。

如果一个企业仅仅以赚钱为目的，而不将为顾客创造价值、解决社会问题作为企业使命、愿景和价值观，消费者就会质疑企业的动机

① ［美］托马斯·彼得斯：《寻求优势：美国最成功公司的经验》，管维立译，中国财政经济出版社 1985 年版，第 1 页。

和价值观。以追求利润为唯一目标的价值观，将很难获得消费者和社会的尊重，更难以赢得消费者的信任。例如，小米的核心价值观是真诚和热爱。真诚意味着不欺骗他人，也不欺骗自己；热爱意味着全心全意地投入并享受其中。企业的使命、愿景和价值观共同构成了企业理念的核心，它们不仅影响着企业的发展方向和目标，也指引着员工的行为准则和企业文化的建立。

品牌理念是企业理念的不同表达。从消费者的视角来看，品牌所包含的范围要大于企业。一个企业不能有两套理念，更不应矛盾。品牌理念（使命、愿景、价值观）源于企业理念（使命、愿景、价值观），是企业理念的不同表达。企业理念是企业内部视角的表述，品牌理念是消费者为中心视角的表述。大多数企业深知应以顾客为中心，为顾客创造价值，帮助顾客满足日常生活中的各种需求。但很多企业只有企业理念，没有品牌理念，就需要用不同的陈述方式或者修辞方法把它转换为品牌视角，强调品牌为社会或顾客创造什么样的差异化的价值，这种价值应该是有意义的，明确的和具有激励性的（见图2－6）。

公司丨品牌	组织、产品导向的使命陈述	品牌导向的使命陈述（顾客+组织导向）
脸书	我们是在线社交网络	我们联系全世界的人，帮助他们分享生活中的重要时刻
IBM	我们制造计算机硬件和软件	我们提供帮助顾客“建设更智慧的地球”的技术方案
星巴克	我们出售咖啡和小食	我们出售“星巴克体验”，通过一杯品质非凡的咖啡、一个人、一段时光让生活丰富起来
沃尔玛	我们经营折扣店	我们提供天天低价，让普通人有机会购买富人享用的东西
小米智电车	我们制造智能电动汽车	小米希望用高品质的智能电动汽车，让全球用户享受无所不在的智能生活
360安全卫士	我们提供网络杀毒软件与服务	360公司致力于成为中国领先的互联网和安全服务提供商 360相信：如果我们通过不断创造黑科技，全方位守护互联网安全。世界将变得更安全和美好

图2－6　企业导向的使命陈述与品牌导向的使命陈述

伟大的品牌构建在理念和文化之上。有些致力于解决社会公共问题的强势品牌会有更远大的目标和愿景，解决人类面临的重大问题，赢得全社会的尊重和消费者的追随。例如，马斯克领导的特斯拉（TESLA）公司，面对世界能源危机，提出加速世界向可持续能源的转变的使命和愿景。商业化实践就是制造低成本的、高品质的新能源车。近几年，特斯拉超越传统油车和新能源车品牌，成为新能源车的领导品牌。

2. 组织的创新能力与工艺质量

创新和工艺质量本身也是一种品牌价值观。品牌价值观决定了组织的创新能力和工艺质量水平。对于顾客而言，企业理念和价值观显得比较抽象，创新和工艺质量却可以通过产品和服务被顾客感知。产品的创新和工艺质量是组织能力的体现，直接影响着顾客对产品质量的感知。创新且高效的组织是企业的核心竞争力，竞争者难以复制。消费者对于具有强大创新能力和高工艺质量的企业组织充满欣赏和崇敬，并对其生产的产品产生积极正面的联想，从而产生想要拥有的欲望。以格力为例，该公司掌握着空调的核心技术，其产品质量和工艺水平令消费者印象深刻，并进一步强化了品牌的领导地位。因此，企业的创新能力和工艺质量是树立品牌形象和吸引消费者的重要因素。通过持续的创新和提高工艺质量，企业可以赢得消费者的认可和忠诚度，并在市场竞争中取得竞争优势。

3. 组织的知名度与可信度

消费者对于企业组织的悠久历史、成功经历、声望、规模和能力会产生信任感。研究表明，较短历史的小企业容易引起消费者的怀疑，而历史悠久、声誉良好、规模较大的企业更容易被消费者接受。例如，在选择汽车保险时，许多车主会关注保险公司的企业规模和理赔服务能力，而保费高低并不是决定因素。

许多运动品牌通过持续赞助运动员和冠名运动赛事，有效增加品牌的曝光度。赞助活动不仅展示了企业组织的实力，还将公众关注转移到品牌上，将运动员的拼搏精神与品牌理念相结合，将运动员的风格与消费者的需求相结合。这样一来，品牌不仅获得了知名度，传达了品牌的个性风格和情感价值，同时也通过运动员背书的方式赢得了消费者的信任。

4. 区域组织与全球化组织

品牌的地域性和全球化对消费者的影响不可忽视。一般来说，消费者会认为地域性的企业规模较小，实力相对较弱，而全球化的企业则更有实力。

对于中小企业来说，本地化是一种明智的战略选择。通过本地化，企业可以专注于资源和能力，在当地市场取得成功，并实现更大的发展。很多情况下，消费者会认为本地化的品牌与自己在心理上更接近，容易产生信任。

全球化的企业组织则传递出一种历史、投资和市场的信息，以及对品牌资源和承诺的重视。海外市场的销售规模和收入占比较大，使得全球化企业在海外消费者中享有较高的认可度。当消费者意识到一家企业是全球化的，就会对其品牌产生市场规模和行业领导地位的联想，这种联想也可能成为消费者的购买决策因素。

三　人格化识别维度：个性风格相关的品牌联想

品牌人格化就是关于品牌的个性风格的联想。品牌个性是赋予品牌的一系列人格化特质，包括性别、年龄、社会经济地位以及传统意义上的人性特质（如可爱、慈祥、温暖、权威等）。[①] 人格化的品牌在激烈的市场竞争中更容易脱颖而出，使消费者留下深刻的品牌印象。就像父母能够立刻辨别出相貌相似的双胞胎兄弟一样，人与人之间的特征辨别非常微妙。相比于抽象的符号信息传达，人格化品牌形象具

---

① ［美］戴维·阿克：《创建强势品牌》，李兆丰译，机械工业出版社 2019 年版，第 132 页。

有更高的辨识度，更容易让消费者产生记忆和联想。

品牌如人，指的就是品牌具有人格化的特征。品牌人格化有助于创造品牌的功能利益、情感利益和自我表达利益，有助于建立“品牌—顾客”之间的关系。人格化联想是品牌的核心识别要素，深刻影响品牌未来。

1. 品牌的个性、风格的作用

成功的品牌就像一个个性鲜明的名人，拥有自己独特而持久的品牌个性和风格。

品牌个性在以下三个方面对品牌发挥重要作用。第一，品牌个性可以塑造差异化。在产品同质化的市场环境下，有些企业选择通过品牌个性来形成差异化。他们通过品牌名称、标志、代言人、虚拟 IP 形象、产品、广告、价值观等多种方式来强调和彰显品牌个性，从而与竞争对手产生差异。第二，品牌个性可以帮助企业更深入地了解顾客对品牌的印象和态度。当进行顾客访谈时，问及他们用何种人来形容某个品牌时，可以清晰地了解到顾客对品牌的联想和态度。第三，品牌个性在建立和强化品牌与顾客之间的关系中扮演着重要角色。在日常的社交场合中，比如服装、汽车、包包等，品牌个性通常被视为消费者表达个人身份的符号。比如，背着 LV 包包的时尚女性让人产生独特的个性和风格。通过塑造与彰显品牌个性，品牌能够在竞争激烈的市场中脱颖而出，并与消费者建立更深层次的情感连接。品牌个性是品牌建立独特地位和创造价值的重要来源。

品牌风格的作用。风格可以理解为人的风度品格和个性的外在体现。当人、品牌（产品）和情境结合起来，就形成了一种特定的消费风格，消费者会使用组合一整套品牌消费集群来界定和扮演自己的社会角色。[①] 换句话说，消费者选择品牌和产品的动因，在于满足他们

---

① ［美］迈克尔·所罗门：《消费者行为学》，杨晓燕译，中国人民大学出版社 2018 年版，第 169 页。

在特定情境、角色和任务的需要。品牌风格在消费者选择品牌和产品时起着重要作用。科学研究表明：人们的购买行为有85%是由潜意识控制的，而非理智。消费者的潜意识，会趋同于选择与自己共鸣的风格（情境），以求得自我的强化。[①] 从某种意义上说，风格决定购买行为。品牌风格是价值观和产品融合后自然的流露，是内容和形式的统一，物质和精神的高度契合。品牌风格具有相对稳定的特点，可以真实地展现出来，但却十分难以被模仿（见图2-7）。

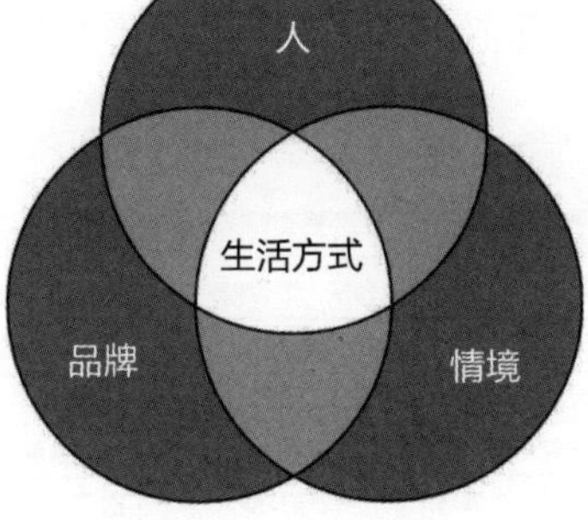

图2-7　消费风格

资料来源：［美］迈克尔·所罗门：《消费者行为学》第12版，杨晓燕译，中国人民大学出版社2018年版，第169页。

2. 品牌的十二种人格原型

品牌人格来源于现实生活中某一类人的特质。一类人的个性和风格构成品牌的原型意象。瑞士心理学家卡尔·荣格认为，原型意象是指那些具有集体性的形式或图像，它们几乎存在于世界各处，它们是神话的构成要素，同时也是个人潜意识的产物。[②] 品牌人格化就是品牌的原型意象，赋予品牌人格内涵。品牌通过其原型意象使顾客感受

① 侯跃、卢克宇：《侯说巴菲特》，中译出版社2022年版，第163页。

② ［美］玛格丽特·马克、卡罗尔·皮尔森：《如何让品牌直击人心：品牌的12个心理原型》，侯奕茜译，中信出版集团2020年版，第6页。

其内涵，原型意象在产品和顾客之间发挥着重要的协调作用。

美国学者玛格丽特·马克和卡罗尔·皮尔森根据行为动机理论，总结了最能满足人类四种基本需要的原型意象，划分了品牌的十二种人格原型。四种原型意象包括稳定与控制型、归属与愉悦型、风险与掌控型、独立与成就型。其中，“稳定与控制型”分为照顾者、创造者、统治者；“归属与愉悦型”分为平常人、情人、小丑；“风险与掌控型”分为英雄、颠覆者、魔法师；“独立与成就型”分为天真的人、探险家、智者；共计十二种人格原型（见图2－8）。[①] 这些品牌原型具有个性鲜明的人格和性格特征。人格化的形象特征和性格，使品牌变得亲近、鲜活而有魅力。

人格动机	品牌原型	品牌原型在生活中的角色性格	举例
稳定与控制型 创造秩序	照顾者	热情、慷慨与助人为乐；照顾他人	老干妈、海底捞、帮宝适、大宝、湾仔码头
	创造者	灵感与创新;创造新的东西	苹果、3M、乐高
	统治者	权力、影响和领导地位；发挥控制力	阿里巴巴、中国移动、奔驰、劳力士
归属与愉悦型 平凡人的生活 热爱生活	平常人	朴实无华，自在的做自己	小米、沃尔玛、淘宝、无印良品
	情人	美丽、性感与激情;寻找爱并爱人	香奈儿、德芙、玉兰油
	小丑	讨厌正经、古板和无聊，尽情享乐	德云社、吐槽大会、奇葩说
风险与掌控型 刻下存在的痕迹	英雄	坚毅、勇敢、勇气、挑战、战胜;	耐克、华为、红牛、
	颠覆者	颠覆、反抗；打破规则	苹果、哈雷、王者荣耀
	魔法师	自我创造和自我塑造；创意善变	宜家、迪士尼
独立与成就型 向往智慧、自由、美善	天真的人	快乐、纯洁与善良	可口可乐、麦当劳、旺旺、乐事
	探险家	自主、企图心强、忠于自己的灵魂	北面、JEEP、李维斯
	智者	发现真理的深切渴望；思考、智能	GOOGLE、ChatGPT、知乎

图2－8　品牌的十二种人格原型意象和代表品牌

资料来源：［美］玛格丽特·马克、卡罗尔·皮尔森：《如何让品牌直击人心：品牌的12个心理原型》，侯奕茜译，中信出版集团2020年版，第16页。

3. 品牌人格化如何塑造

通过使用者形象塑造品牌人格化。现实生活中的使用者或理想的

① ［美］玛格丽特·马克、卡罗尔·皮尔森：《如何让品牌直击人心：品牌的12个心理原型》，侯奕茜译，中信出版集团2020年版，第21页。

使用者形象（明星或有影响力的人）影响并塑造了品牌人格联想。有影响力的名人对品牌人格化具有极大推动力。例如，奥运会中的运动员明星因为穿着耐克，耐克品牌自然也被赋予运动员的个性和风格，受到热爱运动的年轻人的喜爱。小米手机的品牌代言也是通过明星代言来塑造品牌人格和气质的（见图 2－9）。

图 2－9　小米手机品牌代言

资料来源：小米官网 www. mi. com。

通过创始人或代表人物形象塑造品牌人格化。品牌创始人是品牌的代表人物，创始人的个性、风格、价值观、创业故事可以传达品牌传统，体现品牌特质，创始人形象作为品牌人格化的原型可以传达出经典的品牌意象和亲切可信的感受。例如，哈兰·山德士于 1952 年创建肯德基，标志采用创始人的形象强化品牌传统，给消费者一种经典美味的品牌联想。老干妈也同样采用创始人形象，让消费者联想到妈妈的味道（见图 2－10）。

通过虚拟 IP 形象塑造品牌人格化。虚拟 IP 形象（INTELLECTUAL PROPERTY 知识财产）是一种具有商业开发潜力的无形资产。相比真实人物，虚拟 IP 形象更容易控制，因为真人会随着时间的推移而发生变化或衰老。一些有趣的虚拟 IP 形象不仅令人难以忘怀，还能激发消费者的想象力，给人带来可爱或幽默的感觉。虚拟 IP 形象是指在虚拟世界中创造的具体形象，可以是动画人物、漫画角色或数字游戏角色

图 2－10　老干妈、肯德基标志

等。这些形象经过精心设计和塑造，拥有独有的特征和个性，吸引着消费者。与真实人物相比，虚拟 IP 人物可以随意调整和修改，使其持久且适应不同的情境和需求。

年轻消费群体是现代商业竞争的主战场。为品牌赋予一个虚拟 IP 形象不仅能提升品牌的知名度和传播力，还能使品牌实现差异化，最重要的是能有效拉近品牌与年轻人的距离。IP 形象作为内容营销的一部分，能够借助大量的自制内容来更好地传播品牌。近年来，国内的互联网企业都成功地打造了品牌 IP 形象。例如，腾讯 QQ 的戴红围巾的小企鹅形象，天猫的人格化的黑猫 IP 形象，京东拟人化的小白狗形象，江小白酷酷的小青年形象，三只松鼠拟人化的松鼠形象等（见图 2－11）。

图 2－11　品牌符号中的人格化案例

四　符号识别维度：与符号相关的品牌联想

品牌符号识别的维度不仅包括名称和标志，还包括能够代表品牌意义的象征性符号。通过使用这些人们熟悉的符号，营销者可以有效地传达品牌的价值和意义，具有很强的传播价值。一些高能量的品牌符号能够激发人们的记忆和经验，并使消费者更容易识别和记忆品牌，从而将注意力集中在品牌核心价值或购买动机上。在品牌建设和营销传播中，这些高能量的品牌符号具有非凡的力量，它们能够有效地改变消费者的品牌偏好，引发购买决策。

1. 品牌名称及标志

品牌名称是声音符号和文字符号的结合，是品牌的核心识别元素。品牌的全部意义最后都附着在名称上。在法律允许的情况下，几乎任何文字符号都可以作为品牌名称。标志是品牌名称的视觉化表达，标志可以展现品牌个性风格，并隐喻某种意义。品牌标志是最重要的视觉符号之一。好的品牌名称和视觉标志可以降低传播成本。品牌命名和标志设计将在第四章品牌识别设计部分详细介绍。

2. 视觉符号及隐喻

视觉符号力量强大，更容易记忆和传播。当品牌标志的画面感不够强时，可以考虑另外启用一个视觉符号。视觉符号可以通过隐喻品牌的功能、情感或自我表达来帮助品牌向消费者传递意义和价值。例如，美团外卖最初的标志是一碗热腾腾的饭的图形，后来经过重新定位为“美团外卖，送啥都快”，他们重新设计了一个快速奔跑的袋鼠形象的标志，这个袋鼠象征着送餐快速，成功地传达了品牌“快”的价值。第四章品牌识别设计部分我们将详细介绍品牌视觉符号的运用。

3. 品牌传统

一些品牌在创立之初，总有一些鲜活、生动的历史传统或印记，体现着品牌的意义或价值，这些意义和价值也可以成为品牌象征符号。比如，同仁堂品牌始创于1669年，1723年开始为清宫供御药，历经八代皇帝长达180多年。这种品牌历史和服务古代皇家的传统就是品牌的重要象征符号。

第四节　品牌识别的结构

前一节介绍了品牌识别有四个维度十余种识别和联想要素，核心识别和外围延伸识别构成了品牌识别的基本结构。品牌核心识别是意义的中心，也是品牌成功的中心，即使品牌进入新的市场和领域，它所包含的意义和联想也不会变。[①] 延伸识别是品牌识别丰富性的体现，能有效促进“品牌—顾客”关系的建立。为了使品牌识别要素更容易识别、记忆和联想，所以，需要对最有价值的品牌识别要素进行进一步的结构化梳理。品牌识别的结构体现了品牌联想建构的深层逻辑和结构。

品牌核心识别的七大核心要素及结构。主要呈现为品牌基因（包括品类、价值观），品牌印记（包括经典产品、品牌精髓），外部显性识别（包括名称符号、个性风格、核心价值主张），呈“涟漪型”发散的三层结构。品牌基因决定了品牌印记，品牌基因和品牌印记又决定了品牌的外部显性识别要素。如果一个品牌只有外部显性识别要素，缺乏品牌基因和品牌印记，品牌就缺乏价值内核。所以，建构品牌识别系统需要从品牌基因、品牌印记开始，建构品牌价值内核（见图2－12）。

品牌外围延伸识别要素。包括产品识别（包括细分品类、属性/

① ［美］戴维·阿克：《创建强势品牌》，李兆丰译，机械工业出版社2019年版，第81页。

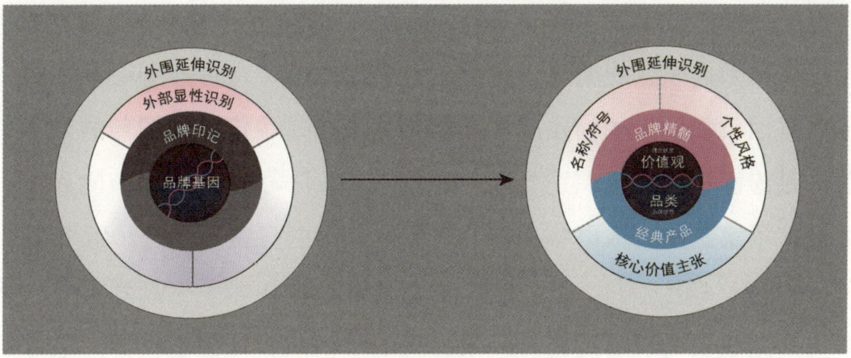

图 2-12　品牌核心识别的七大要素及结构

特性、产品质量、价格、用户、产地等）、组织识别（包括企业理念、创新能力、工艺质量、企业实力、区域或全球化等）、人格化识别（包括个性风格、创始人形象、使用者形象、代言人、虚拟 IP 形象等）、符号识别（包括视觉形象、品牌传统等）等（见图 2-13）。

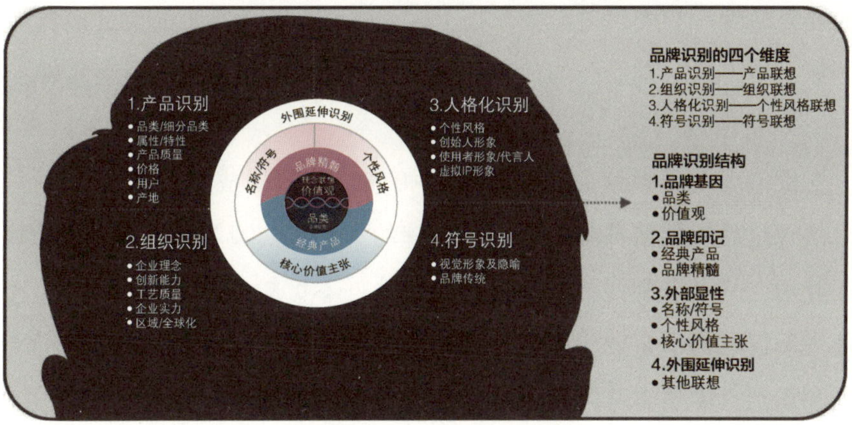

图 2-13　品牌识别结构

一　品牌基因：品类和价值观

在品牌创立之初，“品牌如何建立”会印刻在消费者的记忆中，它塑造了品牌X或品牌Y最早和持久的意义，并产生长期影响，这些影响反过来又影响顾客的期望、态度和满意度，如同人的遗传基因DNA。[①]品牌基因就如同人的物质载体和精神追求，是决定品牌遗传的最小单位，是最深层的品牌识别要素。例如，苹果公司1977年发布的APPLE Ⅱ定义了第二代个人电脑，将电脑带入人们的日常生活。2010年发布的IPHONE 4定义了智能手机产品，成为全球智能手机品牌学习的榜样。这些成功的背后蕴含着苹果品牌的价值观，即创造世界上最好的产品。所以，开创并引领经典品类和卓越的价值观构成品牌的基因。

1. 品类

一个企业在品牌创立之初，选择品类就是选择行业和赛道，行业和赛道的市场规模决定了未来品牌资产的价值。品牌竞争的最高级阶段是品类竞争，如果一个品牌成为某个品类的开创者和引领者，就会在顾客心智中成为这个品类的代表品牌，也就极大可能成为这个品类的强势品牌。品牌价值最大化在于成为顾客心智中某个品类的代名词。例如，格力是空调品类的代表品牌，九阳是豆浆机品类的代表品牌。

2. 价值观

价值观与品牌使命、愿景紧密相连，共同构成企业的品牌理念。价值观是品牌的精神和信念，是品牌的源动力。卓越的品牌因为精神而胜出，一个以赚钱获利为目的的企业，不可能成就卓越的品牌。价值观不仅能指引企业为顾客、为社会创造价值，也能被广大消费者感知和识别。消费者尊重和崇拜有伟大价值观的品牌，这种情感能引发消费者的共鸣和追随（见图2－14）。例如，沃尔沃的创始人曾说："车是人造的。无论做任何事情，沃尔沃始终坚持一个基本原则：安全。现在是这样，以后还是这样，永远都将如此。"小米始终坚持做

---

① ［法］让－诺埃尔·卡普费雷尔：《战略品牌管理》（第5版），何佳讯等译，中国人民大学出版社2020年版，第31页。

"感动人心、价格厚道"的好产品，让全球每个人都能享受科技带来的美好生活。这种价值观引领小米开发出经典智能手机及各种消费电子产品，很快成为全球性的强势品牌。

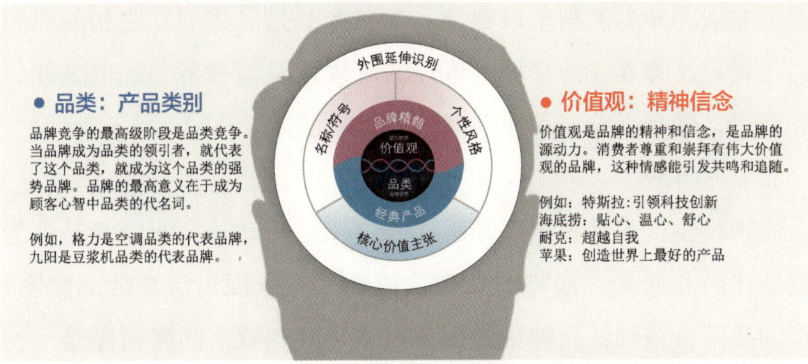

图 2-14　品牌基因：品类和价值观

二　品牌印记：经典产品和品牌精髓

一个具有品牌基因的企业，通常都能开发出消费者认可和喜爱的经典产品，经典产品能体现品牌精髓，经典产品与品牌精髓互为因果，相互转化（类似太极图）。经典产品和品牌精髓留存于品牌的传统中，也印刻在消费者的记忆中，成为品牌发展过程中不可磨灭的印记（见图 2-15）。

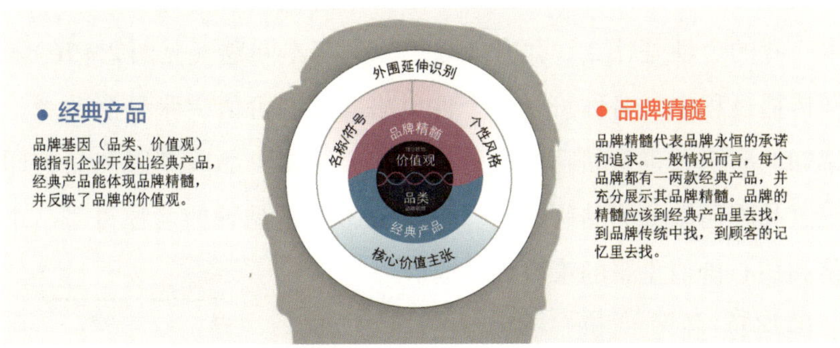

图 2-15　品牌印记：经典产品和品牌精髓

1. 经典产品

通常情况下，每个成功的品牌都会有一两款经典产品，并充分展示其品牌精髓。企业没有创造被广大消费者认可和信赖的经典产品，品牌影响力和知名度则难以建立。经典产品是品牌创立之初的原型产品，代表着品牌专注的领域、曾经的辉煌以及消费者曾经的认知、体验和记忆，深刻影响着品牌未来。

2. 品牌精髓

品牌精髓代表品牌永恒的承诺和追求，驱动着企业围绕品牌为顾客创造产品和服务。强势的品牌价值观，能体现出清晰的品牌精髓；弱势的品牌价值观，品牌精髓则难以显现和提取。品牌精髓是一种差异化极强的识别要素。

品牌印记（经典产品和品牌精髓）存在于品牌传统中，也存在于顾客的记忆中。品牌的精髓应该到经典产品里去寻找，到品牌传统中寻找，到顾客的记忆里去寻找。比如，沃尔沃汽车永恒不变的精髓是"安全"，经典产品 XC 系列体现了沃尔沃的品牌精髓。农夫山泉的经典产品是瓶装 500 毫升装，产自中国最优质的水源地，体现了品牌"天然水"的精髓。

三　外部显性识别：名称/符号、个性风格和核心价值主张

名称符号、个性风格、核心价值主张向消费者回答了"我叫什么名字，我的个性是什么，我有什么用"的基本问题（见图 2 - 16）。在营销传播过程中，名称符号、个性风格、核心价值主张是消费者最容易感知的要素，也是品牌对外传播的核心要素。品牌基因和品牌印记决定了品牌何以成为品牌，同样也深刻影响了品牌的名称符号、个性风格和核心价值主张的策略和形成。

1. 名称/符号

名称是一个品牌最为关键的战略资产。没有名称和符号，消费者

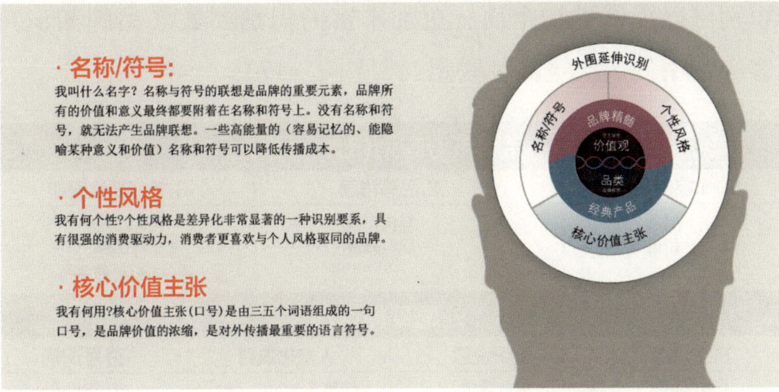

图 2－16　外部显性识别：名称/符号、个性风格和核心价值主张

就无法识别品牌，更难以产生品牌联想。品牌所有的价值和意义最终都要附着在名称和符号上。一些高能量的名称和符号可以降低品牌传播成本。品牌命名和符号将在第四章品牌识别设计部分详细介绍。

2. 个性风格

个性风格是品牌人格化的显现，是非常显著的一种识别要素，能够帮助消费者快速识别和记忆品牌。它是品牌与消费者建立情感连接、塑造品牌识别与联想的关键因素之一。另外，消费者更喜欢与自己风格趋同的品牌，个性风格是具有强烈购买驱动力的品牌识别要素。

3. 核心价值主张

核心价值主张是品牌价值的高度浓缩和承诺，是对外传播最重要的语言表述。能够为品牌在激烈的市场竞争中创造差异化优势，使品牌脱颖而出，并建立良好的“品牌—顾客”关系。核心价值主张在品牌建设和市场推广中具有关键作用，能够帮助品牌赢得消费者的信任和选择，提升品牌的市场竞争力。

四　外围延伸识别：次级联想

品牌核心识别的七大要素及结构，体现了品牌识别的内核以及品牌建构的逻辑。七大要素以外的其他要素则构成外围延伸识别。外围延伸识别可以提供更加全面、更加丰富的识别要素（品牌知识），并在顾客心智中创造次级品牌联想（见图 2－17）。

品牌核心识别（七大要素）		
1.品牌基因	2.品牌精髓	3.外部显性识别
· 品类 · 价值观	· 经典产品 · 品牌精髓	· 名称/符号 · 个性风格 · 核心价值主张

外围延伸识别			
产品识别	组织识别	人格化识别	符号识别
· 细分品类 · 属性/特性 · 产品质量 · 价格 · 用户 · 产地	· 企业理念 · 创新能力 · 工艺质量 · 企业实力 · 区域/全球化	· 创始人 · 使用者形象/代言人 · 虚拟IP形象	· 视觉识别 · 品牌传统

图 2－17　品牌核心识别和外围延伸识别

消费者在日常生活中识别、记忆和提取品牌信息，并不是这种“涟漪型”由内而外的结构。消费者对品牌的记忆和联想，是由品牌知识（信息节点）和相关的链环构成，品牌知识构成消费者记忆和联想的节点，当消费者联想到某一个品牌知识，就会激活与品牌相关的其他知识。基于品牌核心识别开发延伸识别和次级联想是强化品牌的有效途径。例如，当我们提到华为的名称，就能联想到华为手机、路由器、5G 技术、任正非、创新、科技领先、专卖店、鸿蒙系统、中国品牌、质量可靠、设计精良、华为标志，等等。同样，当我们在媒体上看到任正非，也能联想到华为品牌、通信、手机、5G 技术、智能驾驶技术，等等。

第五节　品牌价值主张

一　品牌价值主张

“品牌—顾客”关系建立在品牌承诺与顾客信任的基础上。人格化的品牌需要向顾客表达品牌承诺，品牌价值主张就是一份简洁的品牌承诺书。品牌价值主张是陈述品牌的功能利益、情感利益和自我表达利益的一段文字描述。有效的价值主张可以促成“品牌—顾客”建立牢固的关系，并且驱动顾客购买决策。[①]

1. 功能利益

品牌价值主张的基础就是功能利益，功能利益的基础是能够为顾客提供有显著功效的产品。功能利益主要体现在产品的功能、质量、价格等特性。比如，农夫山泉可以解渴，邦迪创可贴保护伤口也可以防水。功能利益与顾客使用体验直接相关。如果一个品牌能够在顾客心智中占据与消费者需求密切相关的某项功能特性，它就能主宰这个消费市场。例如，霸王洗发水具有防脱发的功能，使霸王成为该领域的引领品牌。

2. 情感利益

一些强势品牌并不满足于产品的功能利益，他们试图超越产品功能利益，进而创造品牌的情感利益。如果顾客购买或使用某一品牌能够产生积极的情绪，品牌就提供了情感利益。情感利益能为用户带来丰富的情感体验。例如，脑白金既可以帮助老年人助眠通便，又可以成为子女表达孝心的礼物。哈根达斯冰淇淋既好吃，又可以是年轻人表达浪漫爱情的工具。情感利益丰富了品牌内涵和体验，加深了顾客拥有和使用时的情感体验。

3. 自我表达利益

每个人在社会生活中都扮演着多种角色，人们往往会通过观察一个人的衣着打扮、开的汽车来猜测其社会角色和身份。消费行为学家罗素·贝克曾说，我们就是我们所拥有的事物，这可能是消费行为中最基本最有力的事实。也就是说，品牌和产品能够成为一个人自我个

① ［美］戴维·阿克：《创建强势品牌》，李兆丰译，机械工业出版社2019年版，第88页。

性风格和概念表达的符号。[①] 比如，某人是一个广告公司的老板，在学校是一个老师，在家是一个丈夫，是孩子的父亲，同时也是一个足球爱好者和户外越野爱好者，对于每一个角色，他都会拥有相关的自我概念。针对不同的情境和角色，穿什么品牌的衣服，背什么品牌的包包，开什么品牌的汽车，都体现了他的个性风格和社会角色。而购买、使用品牌就是满足自我表达需求的一种方式。

二　品牌核心价值主张

品牌核心价值主张是品牌的核心利益与灵魂的表述，是与竞争者差异化的，能抓住品牌价值本质和灵魂的词语或口号。品牌核心价值主张主要用于品牌对外传播，目的是通过简洁的品牌传播口号，传递品牌核心价值，引发品牌联想，并使目标顾客产生某种选择偏好。

优秀的核心价值主张具有以下特点：①好读好记（顾客熟悉的话语和口吻），易于传播；②品牌独有，能够长期与竞争对手形成差异；③能够抓住品牌灵魂的思想，代表品牌永恒的承诺；④与顾客能产生共鸣，并驱动品牌价值导向。

例如，格力围绕“质量、科技”的品牌核心价值主张，不同时期的品牌传播口号有所不同。1994 年，格力的目标顾客是企业，提出“格力电器，创造良机”。1997 年，强调产品质量在竞品中的领先地位，提出“好空调，格力造”。2010 年，强调科技领先，强化领导者地位，提出“格力，掌握核心科技”。2013 年表明格力的责任担当，提出“格力，让天空更蓝大地更绿”。2015 年，格力表达了要引领中国品牌走向世界，提出“让世界爱上中国造”的传播口号（见图 2－18）。

---

① ［美］戴维·阿克：《创建强势品牌》，李兆丰译，机械工业出版社 2019 年版，第 91 页。

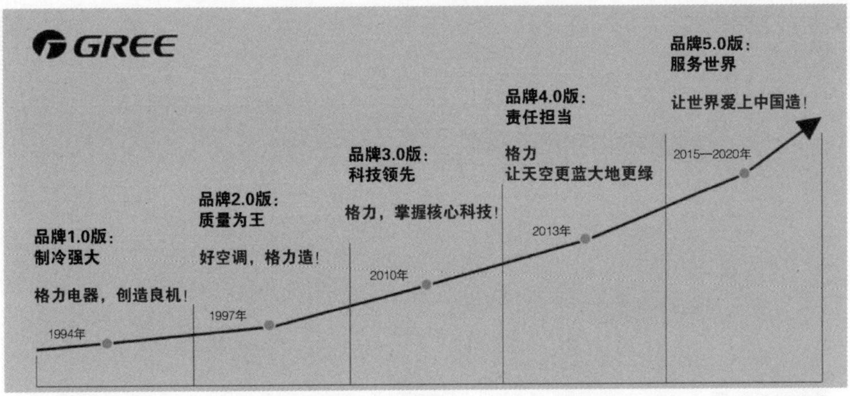

图 2-18　格力的品牌核心价值主张

资料来源：https：//gree. com/about/history。

第六节　品牌识别系统案例

耐克的品牌识别系统分析

耐克（NIKE）是全球知名的体育运动品牌之一。耐克的经典钩形标志简洁有力，迅捷如闪电，让人们自然联想到使用耐克运动产品所带来的速度和爆发力。耐克的核心价值是在运动中挑战自我的运动员精神。

耐克生产的体育用品包罗万象，例如服装、鞋类、运动器材等。耐克首创的气垫技术给体育界带来了一场革命。运用这项技术制造出的运动鞋可以很好地保护运动员的膝盖，在其在做剧烈运动落地时减小对膝盖的影响。使得耐克运动鞋成为运动鞋中的经典产品。不仅得到专业运动员的青睐，也得到广大运动爱好者的喜爱。

耐克品牌涉及多个体育运动细分市场，例如篮球运动服装和鞋类、网球运动服装和鞋类、田径运动服装和鞋类等，不同细分市场品牌识别略有差异。总体而言，耐克在顾客心目中仍然拥有高度一致的品牌识别。

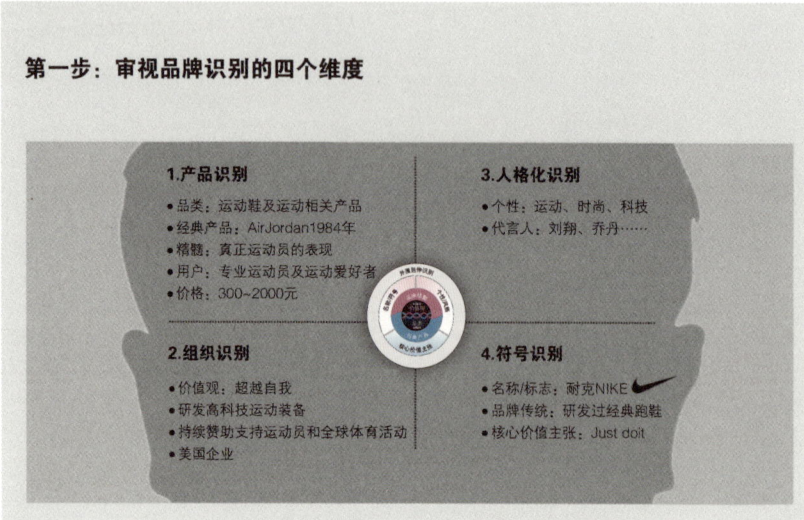

图 2-19　耐克品牌识别的四个维度

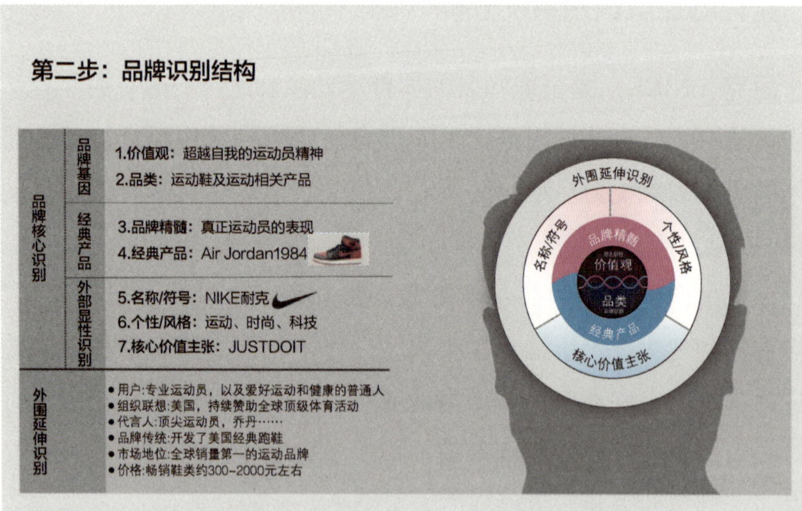

图 2-20　耐克的品牌识别结构

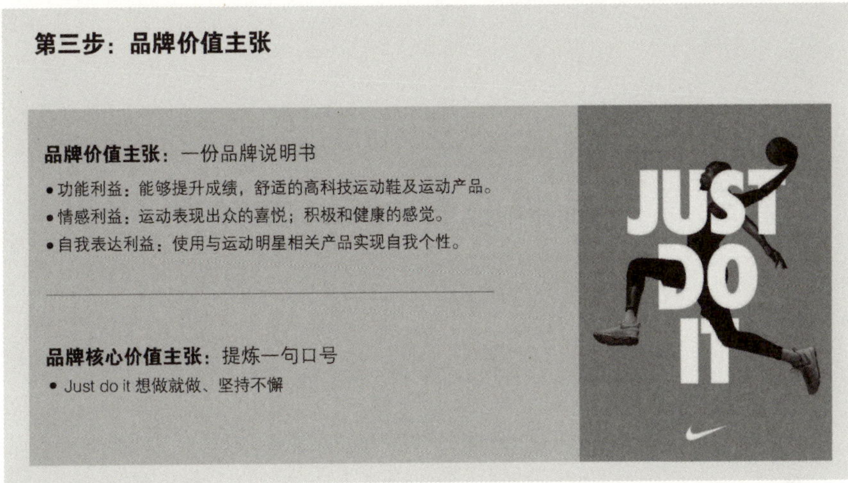

图 2-21　耐克的品牌价值主张

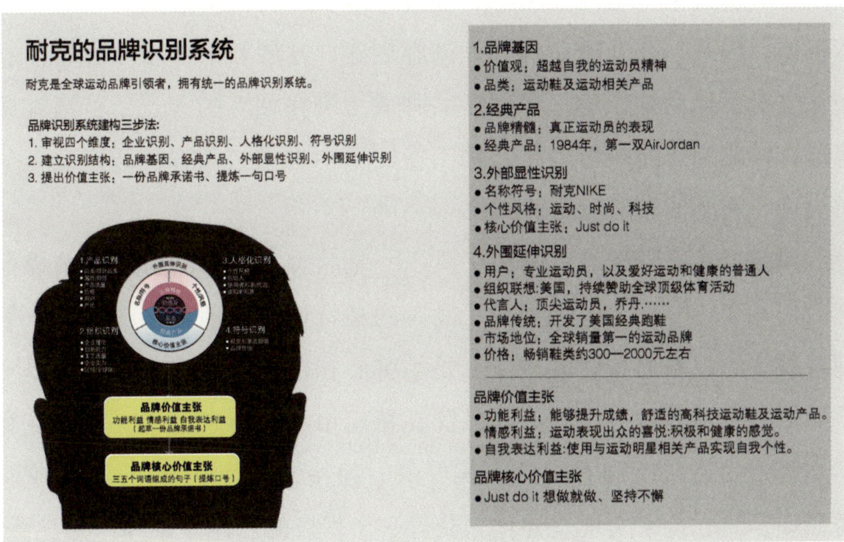

图 2-22　耐克的品牌识别系统

第三章　品牌心智定位：竞争与框架

在信息爆炸和商品过剩的环境下，市场竞争是品牌必须面对的问题，因为顾客的选择是在比较中产生的。[①] 营销管理有两个根本问题：第一个是维护好忠诚顾客，为他们持续提供满意的、物有所值的产品和服务。第二个就是开发潜在新顾客。潜在顾客群体远远大于忠诚顾客群体，因此，开发潜在顾客是品牌创建、发展壮大的根本途径。在与竞争对手的营销战中，如何让品牌成为潜在顾客的首选，将潜在顾客群体转化为忠诚顾客，是营销工作的重中之重。品牌心智定位正是解决这一问题的利器。

因此，品牌管理需要两大工具：一是品牌识别。品牌识别依靠品牌的根基和传统，它详细阐释了品牌的独特性和价值的各个方面，管理着顾客的一系列品牌联想。二是品牌心智定位。品牌心智定位是竞争导向的，它的任务就是为其品牌在特定市场、特定情境，在潜在顾客心智中创建一个强有力的、偏好的、独特的品牌联想，[②] 使品牌在潜在顾客的心智中实现差异化，获得一个积极的总体印象和认知优势，从而产生某种选择偏好；目的是使品牌成为潜在顾客的首选，从而提高市场份额（见图 3－1）。

---

① ［美］戴维·阿克：《创建强势品牌》，李兆丰译，机械工业出版社 2019 年版，第 158 页。

② ［美］凯文·莱恩·凯勒、沃妮特·斯瓦米纳坦：《战略品牌管理（第 5 版）：创建、评估和管理品牌资产》，何云、吴水龙译，中国人民大学出版社 2020 年版，第 45 页。

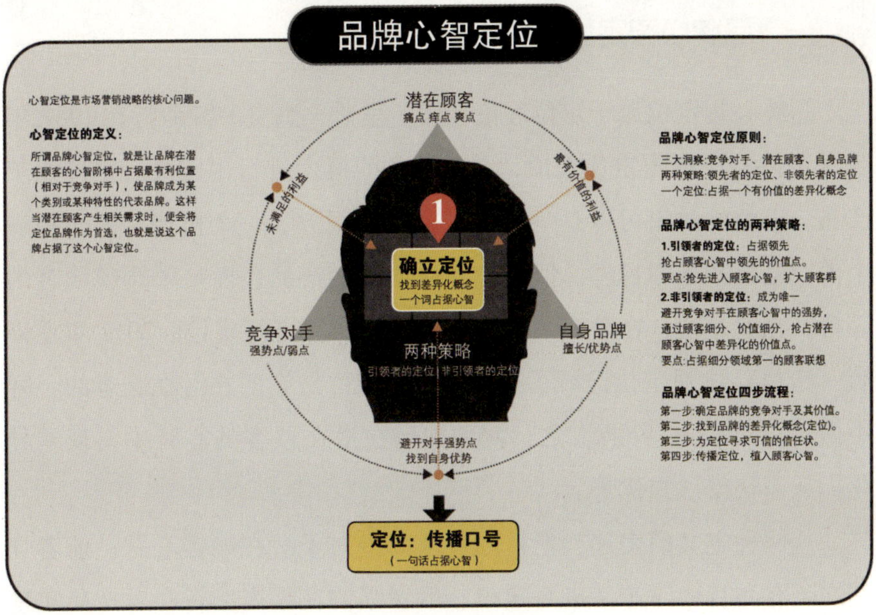

图 3-1　品牌心智定位的思维框架

品牌心智定位是品牌的“心智之战”，是市场营销战略的核心问题。对顾客而言，是一种品牌联想，也是一种品牌识别，而且在营销竞争战略中是优先的品牌识别因素。

第一节　什么是品牌心智定位

“定位”在营销领域是一个常用的术语，但与不同的概念结合，意思完全不同。比如产品定位、市场定位、品牌定位、战略定位，这些专业概念中的“定位”含义不尽相同。“定位”之所以成为营销管理领域的常用术语，源于定位理论的流行，同时也造成了术语的混淆和滥用。

一　品牌心智定位源于定位理论

品牌心智定位源于定位理论。艾·里斯、杰克·特劳特在1981年版《定位》中提出定位理论，并对定位的概念进行了定义。定位始于产品。定位的对象可以是一种商品、一项服务、一个机构，甚至是一个人，也许就是你自己。但定位并非要改变产品，而是要调整顾客的心智。也就是说，在潜在顾客的心智中对产品进行定位。2017年重译版《定位》中对定位进行了最新定义。定位是如何在潜在顾客的心智中做到与众不同。[①] 换言之，就是如何在潜在顾客的心智中实现差异化，从而获得认知优势。

这两种定义的表述，把目标对象都指向了潜在顾客心智。前者强调在顾客心智中对产品进行定位，后者强调在顾客心智中对产品实现差异化。值得注意的是，后者强调的是在潜在顾客心智中“做到”和“实现”差异化。很显然，这两种定义并不完全一致，说明定位理论是一个仍然在发展中的理论。但是，胜负在于潜在顾客心智，这是定位理论最基本的观点。[②]

定位理论的最大贡献在于，把营销的核心从企业内部管理和外部市场开发引向了潜在顾客心智；将竞争对手的优劣势、潜在顾客的购买理由、品牌自身的优势三者置入潜在顾客心智中统一谋划，对企业开发潜在顾客、扩大市场份额具有重要作用。

二　从“定位理论”到“品牌定位”

作为重要的营销学理论，定位理论在商业环境的变化中不断演变。

---

① ［美］艾·里斯、杰克·特劳特：《定位》，邓德隆、火华强译，机械工业出版社2017年版，前言。

② ［美］艾·里斯、杰克·特劳特：《商战》，邓德隆、火华强译，机械工业出版社2018年版，Ⅶ。

在1981年版和2000年版《定位》中，“定位”的定义中并没有出现品牌的概念。随着品牌概念的崛起（2000年以后），一些营销者意识到，竞争是在顾客心智中展开，营销者不可能将一个组织、一个企业实体塞入顾客心智，只能将代表企业或产品的象征符号——“品牌”植入顾客心智，所以定位的主体（对象）不是企业而是品牌，这也意味着商业竞争的基本单位不是企业，而是品牌。[①] 品牌在定位理论中的主体地位逐渐清晰起来。

定位理论的思想和价值得到了菲利浦·科特勒、戴维·阿克、凯文·莱恩·凯勒、卡普费雷尔等多位知名学者的肯定，并在其专著中加以阐释和发展。几位学者一致认为，品牌定位是一个必要的概念。因为，顾客所有的选择都是在比较中做出的，品牌从陈述和传播自己最擅长的领域开始具有重要意义。在营销竞争中，顾客对品牌的印象就是事实，品牌心智定位始于潜在顾客心智。它让品牌从潜在顾客心智的角度去思考，品牌如何建立心智竞争优势。[②] 这观念推动了品牌心智定位成为品牌管理领域主流的概念。

学术界大多认为，品牌定位是市场营销战略的核心问题，[③] 是营销传播计划的基石；品牌定位是品牌识别的一部分，品牌识别是品牌心智定位的来源和基础。[④] 两者对品牌的建构和管理都具有战略性的价值和意义。

三　品牌心智定位的定义

品牌心智定位就是品牌定位，加上“心智”二字，是为了强化“潜

① ［美］艾·里斯、杰克·特劳特：《商战》，邓德隆、火华强译，机械工业出版社2018年版，序一XIX。

② ［法］让-诺埃尔·卡普费雷尔：《战略品牌管理》（第5版），何佳讯等译，中国人民大学出版社2020年版，第158页。

③ ［美］凯文·莱恩·凯勒、沃妮特·斯瓦米纳坦：《战略品牌管理（第5版）：创建、评估和管理品牌资产》，何云、吴水龙译，中国人民大学出版社2020年版，第47页。

④ ［美］戴维·阿克：《创建强势品牌》，李兆丰译，机械工业出版社2019年版，第167页。

在顾客心智”这个主体，也就是品牌定位的核心——即在潜在顾客心智做到与众不同，成为细分品类或某种特性的代表，从而赢得竞争。品牌心智定位就是品牌的“攻心”之战，也就是找出最有投资价值的那个“品牌意义”。现在，众多营销者经常将“品牌定位”与产品定位、市场定位、战略定位、确定品牌档次等混为一谈，让人误以为品牌定位包括了产品、市场、战略、品牌档次等定位，这是错误的理解。有了“心智”这个限定词，品牌定位的概念会更清晰准确，也更容易把握。

凯文·莱恩·凯勒认为，品牌定位是指“设计公司的产品服务以及形象，从而在目标顾客心智中占据独特的、有价值的位置（相对于竞争品牌）”。其本质在于，使品牌具有持续的竞争优势，或者使其具有能让消费者足够认同的购买理由。[①] 戴维·阿克认为，品牌定位是品牌识别与价值主张的组成部分，它展示了品牌相对于竞争品牌的优势，需要向目标受众进行积极传播。[②] 卡普费雷尔认为，品牌定位——即为其产品在特定市场、特定时间，为顾客创造差异化的选择偏好（相对于竞争品牌）。[③] 三位欧美学者对“品牌定位”的定义都受到了定位理论的启发。虽然他们的定义略有不同，但是，三位的共识是——品牌定位是竞争导向的，都综合考虑了“竞争对手的优劣势、潜在顾客的购买理由、品牌自身的优势”三个关键要素。

综合三位著名学者的观点，所谓品牌心智定位（Brand Mental Positioning），就是让品牌在潜在顾客的心智阶梯中占据最有利位置（相对于竞争对手），使品牌成为某个类别（品类）或某种特性的代表品牌。这样当潜在顾客产生相关需求时，便会将定位品牌作为首选，也就是说

---

① ［美］凯文·莱恩·凯勒、沃妮特·斯瓦米纳坦：《战略品牌管理（第5版）：创建、评估和管理品牌资产》，何云、吴水龙译，中国人民大学出版社2020年版，第47页。

② ［美］戴维·阿克：《创建强势品牌》，李兆丰译，机械工业出版社2019年版，第167页。

③ ［法］让-诺埃尔·卡普费雷尔：《战略品牌管理》（第5版），何佳讯等译，中国人民大学出版社2020年版，第151页。

品牌占据了这个心智定位。[①] 因此，品牌心智定位就是聚焦并占据品牌在潜在顾客心智中的一个差异化的价值点，并成为这个价值点的代表品牌。例如，全聚德是北京烤鸭的代表品牌，同仁堂是传统中药的代表品牌，沃尔沃是最安全的豪华车的代表品牌。

四　品牌心智定位的误解

1. 望文生义：定位等于确定位置

“定位”是个常用词，几乎人人都会使用，同时也造成了概念混乱。英文 POSITION（定位）可以作为名词，也可以作为动词。作为名词是指所处的位置、方位、立场等意思。作为动词则表示确定方位。如果望文生义地理解“定位”，就会造成定位理论和术语的误解。

品牌心智定位所指的“定位”，不能简单理解为是词语本义中的“所处的位置”或“确定什么方位”，而是特指在顾客心智中占据一个差异化的有价值的点，在顾客心智中做到与众不同。这个差异化的价值点可以是一个有价值的分类，也可以是某种特性。品牌心智定位不止于找到这个价值点，更重要的是要寻找和打造信任状，通过资源投入配称，投入大量推广和营销，让顾客识别、感知并相信，只有这样定位的组合拳才能发挥作用。

2. 定位的滥用：产品定位、市场定位、战略定位、品牌心智定位的误解

营销人员常说的产品定位、市场定位、战略定位等，这些术语中的“定位”与“品牌心智定位”中的“定位”的含义并不相同。上述概念中的“定位”基本是中英文的引申含义，即确定一个什么方向、位置或范围。

产品定位是指企业确定什么样的产品来满足目标消费者或目标消

① 邓德隆：《品牌定位：在顾客心智中完成注册》，《品牌》2005 年第 3 期。

费市场的需求。根据顾客需求来确定产品的用户群、功能、风格、卖点、档次等。

市场定位是指确定产品所要进入的市场范围，选择适合的目标市场和消费者群体，以便更好地满足他们的需求和期望。具体指企业针对特定市场，对产品用户群体进行年龄、性别、职业、需求等方面的界定和细分。选择一种或多种不同的市场细分策略，从而获得相应的市场份额和发展空间。

战略定位则是指为企业或品牌找到一种有利的发展方向，通过建立和保持企业的独特优势而获得持久竞争力。换言之，就是确定企业在市场上的核心竞争力，以及如何在竞争激烈的市场中实现长期的增长和成功。

品牌心智定位中的“定位”应旧词新解，即在潜在顾客心中找准一个差异化的价值点，打造和占据顾客心智中这个价值点，从而在潜在顾客心智中形成品牌竞争优势。

五 品牌心智定位与品牌识别的关系

品牌识别系统和品牌心智定位都是战略制定者试图创造并保持的品牌联想。品牌识别是品牌心智定位的基础和来源，品牌心智定位是市场营销战略的核心问题。两者对品牌的建构和管理都具有战略性的价值，但它们的作用和侧重点有所不同。

品牌识别是一个符号系统，也是一个价值和意义系统，体现了品牌价值的丰富性和全面性。品牌识别系统为品牌提供了方向、目标和意义，对品牌从各个维度进行管理。但是，在具体的营销竞争中，品牌识别系统中的识别和联想要素，因为要素较多难以聚焦，并不一定能赢得市场竞争。比如，海天酱油“食品卫生、美味、健康”是其品牌核心识别之一，但品牌心智定位不可能是“食品卫生、美味、健康”，因为这些联想要素过多，而且竞争品牌也很容易做到，营销传播过程中如果面面俱到，就会造成品牌价值失焦。

品牌心智定位的目标是深入潜在顾客心智，通过在潜在顾客心智中占据一个差异化的价值点，当潜在顾客产生需求，马上就联想到的这个价值点和品牌，从而成为潜在顾客的首选。例如，华为和赛力斯联手打造的问界率先推出了续航1200公里的混动汽车，解决了部分消费者对新能源汽车的里程焦虑问题。问界在潜在顾客心智中抢先成为“长续航”新能源车的代表，这就是一个差异化的品牌心智定位。当顾客希望选购一辆长续航的新能源汽车，问界就成为部分潜在顾客的首选品牌。

因此，品牌心智定位和品牌识别相互关联，两者对品牌构建发挥了不同的作用。品牌心智定位是一种竞争性、排他性的心理偏好；而品牌识别通过管理品牌内部和外部的表现和呈现，从而管理顾客丰富的品牌联想（见图3－2）。

	品牌识别	品牌定位
概念类型	品牌资产：品牌联想的基础	是品牌识别的一部分
制定者	战略制定者	营销战略制定者
目标对象	对外：顾客联想　对内：员工联想	潜在顾客→心智（攻心）
目的	为品牌提供前进方向、目标和意义	创造竞争优势引发购买决策
作用范围	创建一个结构化的品牌识别系统	占据心智中一个有价值的差异点
维度	产品组织人格化符号	聚焦:要么第一要么唯一
本质	对内对外阐释品牌的价值和独特性	开发潜在顾客，给顾客一个购买理由

图3－2　品牌识别与品牌定位比较

第二节　顾客心智与品牌心智定位

在商品过剩的时代，营销竞争是品牌必须面对的重要问题。“商场如战场”正是对品牌竞争非常形象的表述。产品研发和市场营销的投入是巨大的，但胜负并不在暂时的市场份额，而在潜在顾客心智。

心智是人们产生和控制知觉、注意、记忆、情绪、语言、决策、思维和推理等的心理机能，是形成客观世界的表征系统，促使人们在此系统内行动来实现目标。[①] 所以，心智是消费者接受、过滤、处理、存储和提取品牌信息的心理机能，是影响顾客购买行为的重要因素之一。对于同样的商品或服务，不同的顾客可能会产生不同的购买决策。企业需要了解顾客心智的特征和影响因素，以便更好地制定营销策略和提高顾客满意度。

一 顾客心智的特征

日常的消费行为中，顾客心智主要体现为三大特征。

1. 心智容量有限，对品牌信息进行分类存储

心智分类存储的原因主要有两个方面。一是人们的记忆力有限。为了处理信息超载，我们需要通过分类来推理、判断和做出决策。心理学家认为，分类是人类基本的思维方式。我们无法记住所有感知到的信息，只有通过分类存储，才能减轻心智负荷。二是心智通过快速遗忘不重要的信息来应对容量有限的问题。只有重复或引人注意的差异化信息才被心智认为是重要的，从而被放进长期记忆。我们只能接受有限的信息量，一旦超出某个极限，大脑就会发生“信息过载”，无法记住输入的内容，就像计算机同时运行过多程序会变慢甚至死机一样。因此，消费者通常只能记住某一类别中的少数几个品牌，并将它们作为重点加以考虑。

人们总是试图通过分类来理解人、情境和事物。[②] 虽然我们不可能知道关于某个品牌的所有信息，但我们可以观察到它的一些特征，

① ［美］E. Bruce Goldstein：《认知心理学：心智、研究与你的生活》，张明译，中国轻工业出版社 2020 年版，第 5 页。

② ［美］戴维·阿克：《开创新品类：赢得品牌相关性之战》，杨岱若译，机械工业出版社 2020 年版，第 42 页。

将其归类，并根据类别推测未观察到的特征。如果心智分类存储是指大脑对信息的分类记忆机制的话，人们对新事物的学习首先取决于其所属的“类”，然后是了解其具体“特性”。人们根据明显的相似性将事物分组进行品类划分。例如，当消费者看到一个之前从未见过的新产品时，首先会问“这是什么（品类）”，然后再问“这个产品有什么特点”。因此，品牌心智定位的目标是成为某个品类或某种特性的代表品牌，在人们心中占据该品类或特性的位置。

2. 顾客心智排斥复杂，喜欢简单

在这个信息爆炸和商品过剩的时代，商品同质化严重，给消费者带来了选择困难。过多地选择提高了消费者对品牌的期望，同时也增加了顾客买到不满意商品后的自责感。因此，消费者对那些与自己无关的广告和商品信息，就会表现出视而不见、漠不关心、无动于衷。在大多数情况下，消费者更倾向于拒绝复杂的广告和商品信息，更喜欢用简单直观的判断来做出购买决策。当选择变得越来越复杂时，消费者的心智就会采取简化机制。

品牌心智定位将消费者的印象和联想聚焦在一个差异化的价值点上，就是品牌应对“顾客心智排斥复杂，追求简单”的方法和策略。比如霸王洗发水的“防脱”、海飞丝的“去屑”。消费者相信这种明确表达利益的品牌，在产品功效上是突出可靠的，其他方面也应该可以放心。还有一些消费者不愿花太多时间思考和比较，选择从众购买，他们相信大多数人的选择不会错。对于一些消费者经常购买并信任的品牌来说，他们就会直接指名购买，这也是心智追求简单的表现。

3. 顾客对品牌的认知和印象一旦形成，则难以改变

人们总是活在自己的观念和看法中，心智认知和印象通常被视为普遍的真理。人们倾向于按照过去的经验和印象来对待各种事物，包括品牌。人们总是相信自己愿意相信的东西，总是购买符合自己意愿的品牌。大多数消费者对自己的认知能力感到自信，并认为自己的判

断和选择在绝大多数情况下都是正确的。消费者的心智很难改变，他们对某个品牌稍有经验后就会坚信自己是正确的。消费者唯一能确定的就是他们自己的判断。

心智认知是人们经过长期积累形成的一些观念，它可能与现实相符，也可能不相符。消费者的理解能力是有限的，很难全面收集、概括和应用品牌信息来评判一个商品的实际情况。消费者的心智不仅排斥与已有知识或经验不相符的信息，而且也没有足够的时间来处理这些信息。一旦消费者对品牌形成了认知和印象，通常会相对稳定。

二　顾客心智中的品牌阶梯

企业竞争的终极战场并非工厂和市场，而是顾客心智。品牌心智定位是品牌竞争的关键。顾客心智中的品牌选择阶梯是指顾客在做出购买决策时，记忆中的品牌经过筛选之后形成的一个层次化结构。

1. 品牌选择的层次

品牌选择阶梯包括以下几个层次：①被忽视的品牌。这些品牌缺乏顾客的主动关注和搜索，很少被顾客考虑购买。②注意到的品牌。这些品牌已经被顾客注意到，但还没有进一步进行深入的调查。③可被选择的品牌。这些品牌已经被顾客认为是值得考虑和进一步了解的品牌，顾客通常会进行深入的研究和评估。④考虑首选的品牌。这些品牌已经在顾客心中占据了很高的地位，顾客经常将它们放在首选位置。⑤忠诚的品牌。这些品牌已经成为顾客的首要选择，他们通常对品牌有很高的忠诚度，不会轻易地更改他们的决策。品牌选择阶梯中不同的层次代表着顾客在购买过程中对品牌的不同关注点和筛选标准。通过了解顾客在品牌选择阶梯中的行为和心理，企业可以更好地制定和实施品牌策略，以吸引和留住顾客。

2. 品牌竞争的目标是成为顾客心智阶梯中的首选

只有成为顾客心智中的首选品牌，才能在市场竞争中占据领先地位。哈佛大学心理学家乔治·米勒研究表明，普通人的心智不能同时处理七个以上单位的信息。[①] 在品牌消费的背景下，当消费者产生一种消费需求，脑海中就会联想到几个品牌。对绝大多数的顾客而言，对高关注度和高频使用的品类最多能够联想出七个品牌。对一些关注度不高的品类，大多数人只能说出一两个品牌，甚至说不出任何品牌。所以在消费者的心智里面，成为细分品类或某种特性第一的联想是进入顾客心智的捷径。比如，我们想买一台空调，可能会想到格力、美的；想喝可乐，会想到可口可乐、百事可乐。

第一个让顾客记住的品牌，通常是第二个品牌两倍的市场份额，这种马太效应在商业竞争中非常显著。[②] 只有成为顾客心智中数一数二的品牌，才能长期取得优异的业绩。“顾客心智中排第一胜过产品更好”是十分威力的市场营销策略。其核心是品牌在顾客心中的印象比产品本身更重要。如果一个品牌成功占据了消费者心智第一的位置，即使市场上出现了更好的产品，也很难超越品牌在市场上的地位（见图3－3）。

心智定位可以帮助品牌在顾客心智中获得有利的位置，从而带来更高的市场份额和品牌忠诚度。当消费者需要购买某种产品或服务时，首先会考虑心智中排名第一的品牌。心智定位的本质是使品牌成为某类别或特质“首选”的顾客联想，或者创造一个能够成为“首选”的类别或特质的联想。例如，宝马在顾客心智中代表着操控性能第一的豪华汽车品牌；奔驰在顾客心智中是最能代表成功感的豪华汽车品牌；沃尔沃则是顾客心智中安全性能最好的豪华车品牌。企业必须明确品牌的心智定位，通过战略取舍，围绕定位配置资源、建立运营体系，从而实现差异化，成为潜在顾客心智中的首选。

---

① ［美］艾·里斯、杰克·特劳特：《定位》，邓德隆、火华强译，机械工业出版社2017年版，第36页。

② ［美］艾·里斯、杰克·特劳特：《定位》，邓德隆、火华强译，机械工业出版社2017年版，第54页。

图 3－3　顾客选择品牌的心智阶梯

三　品牌心智定位如何顺应顾客心智

1. 品牌心智定位就是在顾客心智中成为品类或特性的代表

对于同质化的商品，消费者只能记住少数的品牌，并将数一数二的品牌作为首选。然而，对品类进行细分或创造某种特性却有无限可能。如果品牌在品类中难以成为潜在顾客的首选，最好的办法就是实施差异化，开创一个新的品类或打造某种特性。新品类代表了全新的消费者需求，并使品牌摆脱了“红海”竞争，重新建立消费者对品牌的选择偏好。新品类具有先发优势，易于在消费者心智中建立“第一印象”，从而赢得先机。通常情况下，市场上的引领品牌就有可能成为潜在顾客心智中的首选品牌。例如，今麦郎在 2016 年首次推出了“凉白开”瓶装水，从而开创了凉开水的新品类。2020 年康师傅也推出了“喝开水”瓶装水，但是在许多消费者心智中，今麦郎已经被认为是“凉白开”品类的开创者。

2. 品牌心智定位需要顺应顾客认知，顾客认知才是事实

对营销者而言，“好产品总能卖得好”是一种幻觉，好产品不一定卖得好，卖得好的才是“好产品”。在消费者的心智中，只有他们觉得好的才是好品牌，顾客认知大于事实。品牌营销领域不存在客观现实性，也不存在事实，更不存在最好的产品。存在的只是顾客心智中的认知。只有这种认知才是事实，其他都是幻觉。[①] 不要用所谓事实来挑战顾客认知，赢的总是顾客认知。[②]

“印刻效应”说明，消费者对一个品牌形成的认知难以改变。他们的认知一旦被进攻，往往会产生抗拒。人们会自动屏蔽与自己认知不符的信息，即便品牌拿出所谓的真凭实据，也无法改变他们的想法。例如，三鹿奶粉事件给消费者形成了毒奶粉的认知和联想，企业无论做多大的努力也无法改变这个认知，迫使企业不得不放弃三鹿品牌。

3. 品牌心智定位需要简化信息，顾客心智排斥复杂和混乱

在信息爆炸的时代，人们处于信息超载状态，消费者在面对大量信息会感到无所适从。因此需要简化产品和品牌信息，从而提升品牌营销传播效率。另外，品牌的价值点众多，营销传播过程中不可能把这些信息全部展示出来，营销者应该聚焦在一个强有力、差异化的价值点上，并将其植入潜在顾客心智。试图展示所有优点塑造完美的品牌形象，只会导致顾客心智混乱。营销者需要找到进入潜在顾客心智的最佳方法，这就是简化信息。

4. 品牌心智定位需要聚焦，聚焦使品牌获得力量

现代商业竞争战略思想深受战争战略思想的影响。《战争论》（克劳塞维茨）中战略的核心原则之一就是，进攻方需要“尽可能集中兵

---

① ［美］艾·里斯、杰克·特劳特：《22 条商规》，寿雯译，机械工业出版社 2023 年版，第 24 页。

② ［美］艾·里斯、杰克·特劳特：《定位》，谢伟山、苑爱冬译，机械工业出版社 2011 年版，第 47 页。

力在准备作决定性打击的点上”，而且需要五倍以上的兵力才能攻下一座城市。[①] 定位的本质是集中力量打击影响品牌传播的决定点，即潜在顾客心智中的差异化的价值点。通过深入研究竞争态势和竞争对手，选择合适的传播点，提高传播效率，从而提高销量，通过取得战术成功最终达成战略成功。

品牌营销传播中的信息混乱和价值失焦会导致消费者认知混乱，营销战略和广告投入就可能白白浪费。太阳的能量为激光的数十万倍，但因为分散，变成了人们可以享受的温暖阳光。使用凸透镜聚焦能量，可以轻松切割坚硬的钢板。品牌要获得竞争力，唯有聚焦。然而即使是成功的品牌，在品牌营销传播中的广告宣传也并不完美，大部分广告宣传存在浪费。[②] 只有资源力量集中、焦点正确才能快速占据潜在顾客心智，点燃市场。另外，营销传播的核心法则是重复，顾客对品牌的认知不是渐进式的过程，品牌必须通过迅猛方式迅速进入顾客心智。一旦顾客对品牌的联想已经形成，一切就已经决定（见图 3－4）。

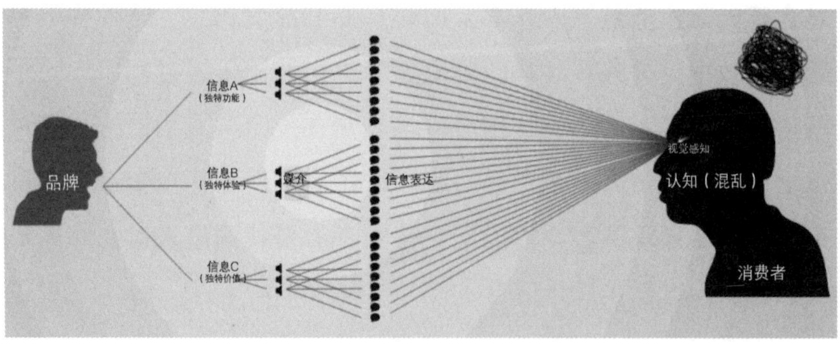

图 3－4　品牌传播中的价值失焦

① ［德］克劳塞维茨：《战争论》，中国人民解放军军事科学院译，解放军出版社 1994 年版，第 166—167 页。

② ［德］凯－乌韦·黑尔曼：《品牌社会学》，吕律、张雪译，上海三联书店 2019 年版，第 145 页。

聚焦战略意味着品牌需要缩小业务范围或聚焦核心价值，直到能够在潜在顾客心智中占据一个差异化、有价值的“字眼”。当顾客产生与这个字眼相关的需求时，就会立即联想到该品牌。没有聚焦就不能建立精准的心智定位，没有精准的定位就不能建立强大的品牌。具体来说，企业在外部市场竞争中必须确定和聚焦潜在顾客心智中的价值点，即关键购买理由，然后将其引入企业内部作为战略核心，形成独特的运营活动系统，这是品牌经营成功的关键。定位选择决定企业将开展哪些运营活动和如何配置这些活动，同时也决定各项活动之间的关联，形成战略配合。①

第三节　如何进行品牌心智定位

品牌心智定位就是“攻心”营销战略，“由内而外”赢得市场竞争。尽管品牌心智定位以竞争对手为导向，但一切都是在潜在顾客心智中展开的竞争。顾客心智阶梯与外部市场份额会互相影响、相互转化。

品牌心智定位的目标是在潜在顾客心中寻求和占据一个差异化的价值点，从而成为顾客心智阶梯的首位。因此，品牌心智定位需要的不是创意和想象力，而是洞察力和逻辑思维能力。它涉及洞察、直觉、推理、分析和验证的综合能力。品牌心智定位更偏向于科学，而非艺术。在具体的策划分析过程中，必须遵循基本的方法、原则和流程，以确保品牌心智定位的科学性和准确性。总结起来，可以运用“三大洞察”“两种策略”“一个定位”的方法，以及心智定位的“四步流程”来指导我们的策划工作（见图3－5）。

① www. trout. com. cn.

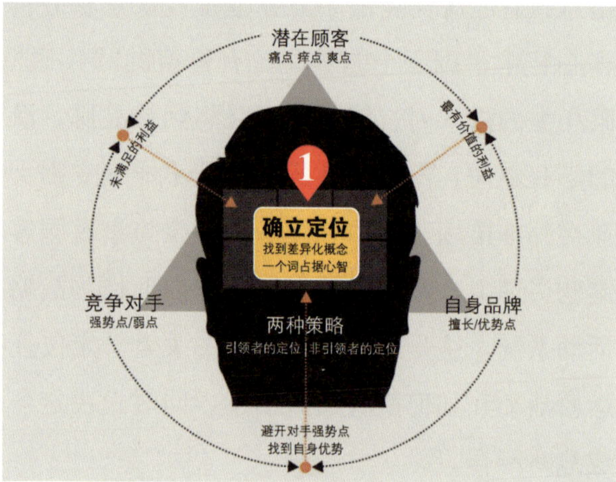

图 3-5　品牌心智定位：三大洞察、两种策略、一个定位

一　三大洞察：竞争对手、潜在顾客需求、自身品牌优势

胜负在顾客心智。品牌心智定位需要将竞争对手、潜在顾客需求和自身品牌优势三个因素置入潜在顾客心智进行分析和洞察。在具体研究过程中，以下三个因素应该受到重点关注和研究。

首先，明确竞争对手是品牌心智定位的第一步。我们需要洞察竞争品牌在潜在顾客心智中的优劣势，了解竞争品牌在资源和能力方面的强项和弱点。这有助于发现自身品牌的竞争优势和不足。

其次，我们需要深入洞察潜在顾客的消费需求，以及消费同类产品时的痛点、痒点和爽点。通过调研市场规模、分析竞争对手和消费者行为，我们可以发现顾客在购买决策中最关心的因素，找到最有价值的购买理由。这有助于品牌在竞争激烈的市场中站稳脚跟，满足顾客的需求。

最后，我们需要深入洞察自身品牌在潜在顾客心智中的优势点，并对自身品牌的现实情况、优势、能力和资源进行全面评估。了解自己，就能使品牌更好地与竞争对手实现区分，满足顾客需求，发挥自身优势。同时，我们也要对自身的不足有清晰的认识，并制定相应的策略来弥补和改进。

通过综合分析这三个关键因素，我们可以采取避开竞争对手的强势，发展竞争对手的弱势；或者选择竞争品牌未曾满足的利益，建立自身品牌的优势；或者选择一个自身品牌有可能建立的差异化优势点，并强化自身的优势。通过综合考虑这三个关键要素，权衡潜在顾客心智中的价值点，以及自身资源能否赢得心智竞争，从而选择最有利的品牌心智定位策略。然而，品牌心智定位并不是一次性的工作，而是一个动态的过程。随着市场环境和竞争态势的变化，品牌需要不断地调整和优化心智定位，以保持品牌竞争优势。

二　两种策略：引领者的定位和非引领者的定位

品牌心智定位有两种策略：引领者的定位和非引领者的定位。这两种策略有各自的优势和应用情境，但其核心目标都是通过在潜在顾客心智中建立竞争优势，从而获得外部市场的竞争优势。

1. 引领者的品牌心智定位

艾·里斯和杰克·特劳特认为，开创并主导一个品类，令品牌成为潜在顾客心智中的某一类品类的代表，是赢得心智之战的关键。[①]顾客心智中的“引领者”就是品类的代表，就是最大的差异化。在某些品类中，如果在目标市场的潜在顾客心智中还没有形成引领品牌的联想，有实力的品牌可以考虑抢先占据品类的引领者地位。在目标市场上实际销量领先的品牌，往往只用把领先的地位传达出来，不断重复，抢先植入潜在顾客心智，成为潜在顾客心智中的首选。换言之，

① ［美］艾·里斯、杰克·特劳特：《22条商规》，寿雯译，机械工业出版社2023年版，X致中国读者。

绝大多数在市场上销量保持领先或暂时领先的一些品牌，可能在潜在顾客心智中并没有建立引领者的联想。这样的品牌非常有潜力成为潜在顾客心智中的引领品牌（见图3－6）。例如，劲霸男装在品牌建设之初定位为商务休闲男装。如何才能建立品牌竞争优势？劲霸男装将自己定位为专注夹克品类的中国商务男装品牌，在目标消费者心智中建立了商务夹克引领者的品牌联想。当消费者希望购买一件经典的男士商务休闲夹克，就会首选劲霸。因此，通过聚焦一个强有力的差异化概念，品牌能够更好地进入顾客的心智，赢得他们的认可和信任。

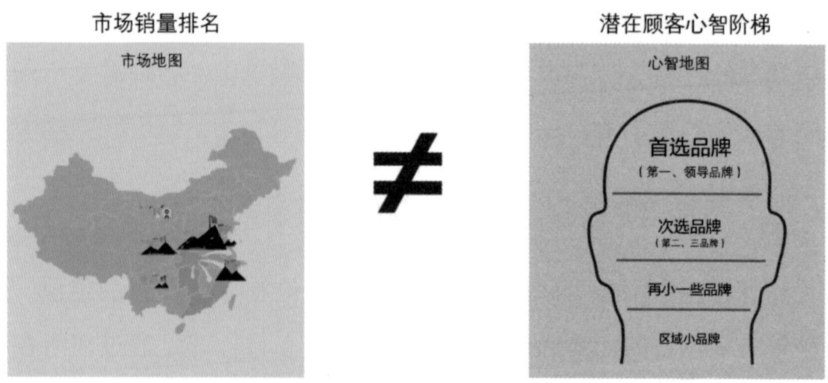

图3－6　市场销量领先并不等于顾客心智品牌领先

具体做法就是全力以赴，率先占据潜在顾客心智，用狂风骤雨般的营销传播，快速占据潜在顾客心智中的“引领者”的联想，这比市场上事实的销量领先更重要。在顾客心智中“第一胜过更好”，领先就拥有光环效应。成为潜在顾客心智中的引领者，市场销量领先只是时间问题。例如，我们经常看到有些品牌的广告高呼“销量遥遥领先、全网销量领先”“全国1000多家直营店”“畅销全球72国”“热销100万件”，这些都是在隐喻和强化顾客心智中品牌的引领地位（见图3－7）。

实际上，品牌在顾客心智中的引领地位并不仅仅取决于市场销量

图 3-7　香飘飘品牌广告中的品牌心智定位

的领先。引领科技创新、创造独特工艺、开发颠覆性产品和全新一代产品（发明领先）、经典或正宗（存在领先）等都暗示着品牌的引领地位。这些引领地位的品牌联想对不同行业和品类的顾客具有不同的购买驱动力。以科大讯飞为例，该公司在智能语音方面的科技创新能力在全国处于领先地位。尽管消费者可能不了解该公司产品在语音识别领域的具体市场销量，但当消费者需要一款智能翻译机时，由于科大讯飞在科技方面的领先地位，消费者自然会优先考虑该品牌。再以比亚迪为例，该公司于 2023 年 1 月推出了全新的“仰望 U8”新能源越野汽车，成为国内首款百万级新能源越野车型，引起了国内外消费者的关注。仅在上市 48 小时内，该车型的订单量就突破了 1.3 万辆。

2. 非引领者的品牌心智定位

如果竞争品牌在某一领域的销量和顾客认知处于领先地位，要想改变顾客的这种认知将非常困难，因此选择非引领者的定位策略是更明智的选择。非引领者的品牌心智定位实质上是通过避开强势品牌的强势，开发自身品牌的优势，使品牌成为某类细分人群、某个细分领域或某种显著特性的代表，从而成为部分潜在顾客心智中的首选。非引领者的品牌心智定位主要可以分为两类。

一是通过拥有特性专长建立差异化。顾客在选购品牌和产品时，通常会进行比较。为了在竞争激烈的市场中建立差异化，品牌需要通过产品特性和专长与竞争对手区分开来。这可以通过在细分市场或细分领域实施差异化，建立自身的优势，在目标市场的顾客心智中成为第一或唯一的选择。差异化的定位策略主要集中在顾客心智中非常显著的需求和联想，比如某种特色、产品专长或独特的工艺等。企业通过内部运营和外部传播来加强这种差异化，从而在潜在顾客心智中形成差异化的品牌认知，使品牌成为细分市场中的首选。例如，国内牙膏市场竞争激烈，同质化严重，云南白药针对牙龈出血的消费痛点，推出了含药的牙膏，在潜在顾客心智中建立了品牌差异化。例如，百事可乐面对强势的可口可乐的竞争压力，采取了非引领者的定位策略，将品牌定位为“年轻一代的选择”，不仅切分了竞争对手的市场份额，也强化了品牌粉丝的群体认同感。

二是通过与竞争对手对立，建立差异化优势。这种差异化是将竞争对手作为竞争背景，通过与竞争对手形成对立，找出其强势中的弱点并转化为自身的优势。强大的竞争对手通常是指拥有庞大顾客群体的竞争者。然而，再强大的品牌也存在弱点。如果这些弱点能够成为顾客认同的价值点，我们就能给竞争对手贴上负面标签，从而为自己建立一个正面的定位。换句话说，就是在竞争对手的“强势”中寻找到那些固有的、不可避免的弱点，并将对手的弱点转变为自身品牌的优势，就可以改变顾客对竞争品牌的认知，从而在潜在顾客的心智中建立差异化的价值点。这种差异化策略能够将竞争者的顾客转化为自己品牌的忠实顾客，并吸引潜在顾客的关注，从而获得更大市场份额。

例如，今麦朗“凉白开”的品类创新为烧开的熟水，其“中国人自古喝熟水，不喝生水喝熟水”的广告语，体现了与强势品牌对立的心智定位策略。中国人自古就有喝开水的习惯，能使消费者产生共鸣。然而，顾客接收到这句广告语可能会产生疑问，某些品牌宣称的“天然水”，不会是来自湖里的生水吧？当人们开始产生这种联想，“凉白开”在一部分潜在顾客的心智中逐渐建立起了优势地位。

三 一个定位：寻求并占据一个差异化概念

品牌心智定位是在潜在顾客心智中展开的一场竞争，其目标是赢得心智战场的胜利。品牌心智定位的核心是“一词占领心智”。“一词占领心智”就是占据潜在顾客心智中的一个差异化的价值点，这个价值点通常可以用一个词语（概念）来表达。例如，沃尔沃代表“安全”，丰田代表“可靠”，宝马代表“操控”，奔驰代表“成功”（见图3-8）。

图3-8 品牌心智定位

确定品牌心智定位概念时，需要考虑竞争对手、潜在顾客需求和自身品牌优势三大要素。通过深入研究市场、顾客洞察和竞争分析，确立自身的竞争策略（引领者或非引领者），从而找到一个与自身实力和资源相匹配的差异化定位概念。这个定位概念不仅要在顾客心智中实现与众不同的联想，还要具备吸引力和竞争优势。例如，德邦快递面对顺丰、中国邮政、中通快递等品牌的激烈竞争，将品牌心智定位为大件快递。当消费者希望邮寄大件物品的时候，德邦就成为顾客心智中的首选品牌。

引领者与非引领者是两种不同的品牌心智定位策略，可以通过不同的隐喻传播来塑造品牌形象、引发消费者联想和情感（见图3-9）。

品牌名	品牌心智定位
老乡鸡	中式快餐的代表品牌
瓜子	二手车直卖网的代表品牌
青花郎	酱香白酒第二的代表品牌
毛豆	新车网的代表品牌
猿辅导	在线教育的代表品牌
加多宝	预防上火的饮料的代表品牌
劲霸男装	夹克的代表品牌
东阿阿胶	滋补国宝的代表品牌
香飘飘	杯装奶茶的代表品牌

品牌名	品牌心智定位
方太	厨房电器的代表品牌
农夫山泉	天然水的代表品牌
云南白药创可贴	含药创可贴的代表品牌
红牛	提神饮料的代表品牌
长城	经济型SUV的代表品牌
老板	大吸力油烟机的代表品牌
蓝孚	大电量电池的代表品牌
德邦快递	大件快递的代表品牌
奥克斯	互联网直卖空调的代表品牌

图 3－9　品牌心智定位

在引领者的定位策略中，每个关键词都对应着一种具体含义。品类代表是指品牌在某一特定产品类别中具有开创性地位和影响力，是消费者心目中的首选。销量领先是品牌在市场销售方面的出色表现，消费者习惯将销量领先的品牌与高质量和受欢迎的产品联系在一起。发明引领强调品牌不断推出全新和颠覆性的产品，让消费者产生对品牌创新能力的认同。传统引领则关注品牌在经典和正宗方面的价值，以追求消费者对品牌的尊崇和信任。

非引领者的定位策略则不倚重于行业领先地位，而是通过关注顾客差异化需求来赢得消费者的认可。功效领先意味着品牌在某一细分领域具有特定的产品效果或特性，能够满足消费者个性化需求。工艺领先侧重于品牌在制造方法和工艺方面的独到之处，即使在与竞争对手类似的产品中也有自己的优势。专业领先关注品牌在某一特定领域的知识和专业性，以成为消费者信赖以及咨询的首选目标。而资源领先则是指品牌拥有一种独特且不可复制的资源禀赋，这种资源能让消费者产生品牌信任。

无论是引领者还是非引领者，关键词隐喻在品牌建设和传播中都具有重要作用。巧妙地使用这些关键词，品牌可以激发消费者的联想、情感和认同，从而在市场竞争中脱颖而出。不仅可以帮助品牌树立独特的形象，还能增强消费者对品牌的好感度和忠诚度。因此，品牌管理者应该深入研究目标消费者的需求和思考方式，以挖掘适合品牌心智定位的关键词隐喻，从而提升品牌竞争力和市场表现（见图3－10）。

营销传播中的关键词隐喻：两种差异化品牌心智定位策略

1.引领者的定位：隐喻传播与顾客联想

- 品类代表：品类开创者、销量第一、领导地位
- 发明引领：全新产品、颠覆性产品
- 销量领先：最受青睐、爆款、热销
- 传统引领：经典、正宗

2.非引领者的定位：隐喻传播与顾客联想

- 功效领先：细分领域拥有特性
- 工艺领先：独特工艺、制造方法
- 专业领先：细分领域的专家
- 资源领先：某种不可复制的资源禀赋

图3－10　营销传播中的关键词隐喻：两种差异化品牌心智定位策略

四　品牌心智定位四步流程

1. 第一步：确定品牌的竞争对手及其价值

品牌心智定位的首要任务是明确竞争对手，了解他们的价值所在。竞争对手分析可以从以下三个方面展开。

第一，对竞争对手的优劣势进行详细分析。这一步旨在了解竞争对手的优点和劣势，可以从产品特点、质量、服务、价格等多个方面进行评估。这有助于了解市场上的竞争态势，并确定自身的竞争策略。我们可以通过访谈、问卷调研等方式来进行，并重点了解竞争对手在目标市场中的市场份额、品牌知名度和顾客购买偏好。目的是确定共同的市场范围和潜在顾客群体，以帮助品牌明确目标市场和目标消费者。了解市场容量和趋势，以及竞争对手的产品特点和差异化空间，这将有助于品牌建立差异化的心智定位。

第二，研究竞争对手在潜在顾客心智中的认知程度。了解竞争对手在顾客心智中的认知，可以帮助品牌确定自身在潜在顾客心智中的定位。这一步的可以通过调研和访谈等方式来收集顾客对竞争对手的印象和评价。分析顾客对竞争对手的认知程度，品牌可以确定自身的差异化和定位策略，并提升品牌的认知度。

第三，探究竞争对手的对外传播方式和广告的应用。分析竞争对手的广告渠道选择、广告内容和沟通表达，可以发现竞争品牌的营销和定位策略，从而改进自己的传播策略，与潜在顾客进行有效的沟通（见图 3－11）。

竞争对手市场份额	顾客心智份额	顾客情感份额
竞争对手在各目标市场所占的份额	在回答“在这个品类中顾客第一个能想起的品牌”时，提到竞争对手的顾客比例	在回答“你会倾向购买哪个品牌”时，提到竞争对手的顾客比例

图 3－11　竞争对手的确立需监测三个变量

2. 第二步：寻找并确立差异化的品牌心智定位概念

寻找品牌心智定位概念建立在三大洞察的基础上，特别是基于潜在顾客心智的竞争对手洞察、潜在顾客需求（痛点、痒点、爽点）洞察以及基于潜在顾客心智的自身品牌优势洞察。以下介绍三种思考方式。

第一，竞争对手在潜在顾客心智中已经占据的定位很难改变。如果竞争对手在潜在顾客心智中尚未成为该品类的领导者，我们可以重点考虑争夺潜在顾客心智中的领导者地位。而如果竞争对手已经在潜在顾客心智中建立了领导者联想，我们需要采取非领导者的定位策略，从潜在顾客的消费需求和认知出发，寻找到一个差异化的价值点，在潜在顾客心智中成为某类人群、细分品类或特性的引领者。

第二，基于潜在顾客心智的自身品牌优势洞察至关重要。我们需要从那些最能打动顾客的核心价值点出发（痛点、痒点、爽点），思考自身品牌的优势（擅长）。这些价值点可能已经存在于部分潜在顾客的心智中。一般情况下，品牌可能存在多个差异化的价值点，我们需要综合评估这些价值点的市场规模、顾客的关切程度、后期资源配称难度等，最终确定一个最合适的、最有价值的差异化概念作为品牌心智定位。

第三，基于潜在顾客心智确立定位概念。我们需要避开竞争对手在顾客心智中的强势，或者利用其强势中蕴含的弱点，与顾客心智建立联系，确定一个最有价值的差异化概念作为品牌心智定位。品牌心智定位就像是给一堆信息打包，方便传递给消费者。在确定品牌心智定位时，我们常说“一词占领心智”，如奔驰代表“尊贵”、宝马代表“驾驶”、沃尔沃代表“安全”。我们需要在用户的心智中注册一个词，它代表了品牌的某种特性或某种引领地位（见图3－12）。

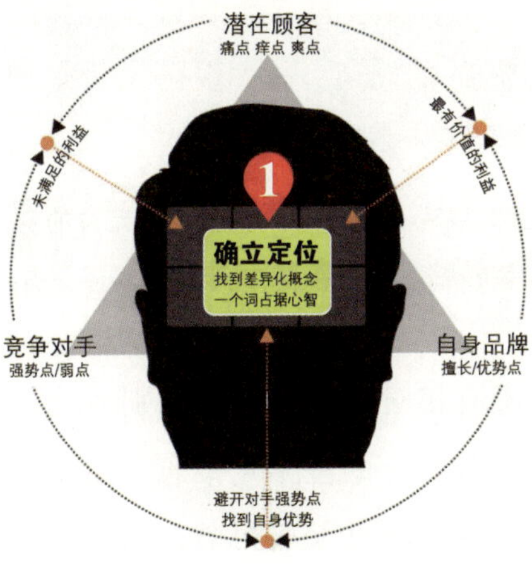

图3－12　基于潜在顾客心智确立定位概念

一些品牌在进行定位后，往往会面临品类或特性的变化。例如，脑白金最初是一种老年人调养睡眠和便秘的保健品，后来被定位为子女向父母表达孝心的节日礼品，从而改变了消费者的购买动机和心智定位。例如，八马以前的定位是商政礼节茶，随着社会环境的变化，人们对于商政送礼产生了负面联想。八马重新定位为中国高端茶。这个变化对消费者的认知框架产生了重要影响。过去，消费者购买八马茶主要是为了送礼，现在，八马希望能够成为中国高端茶的代表品牌，并占据中国高端茶市场的领军地位。八马将过去的商政礼节茶的口号摒弃，"中国高端茶"的定位更好地迎合消费者的需求，实现品牌的发展和市场占有率的提升（见图 3－13）。

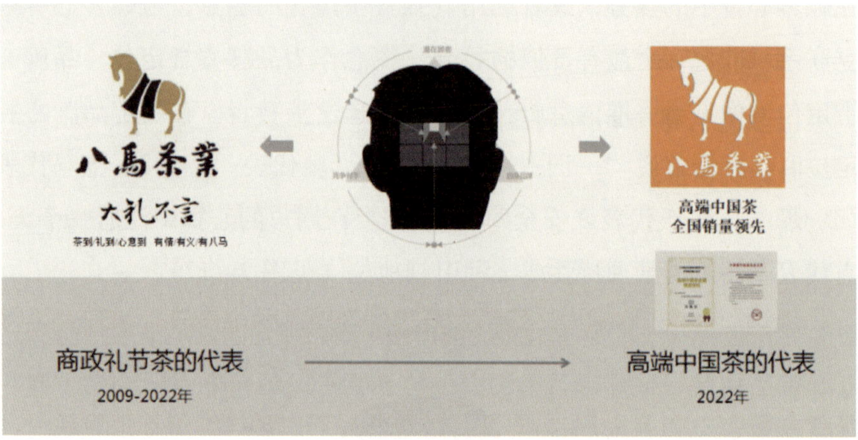

图 3－13　八马茶业：品牌心智定位的变化

资料来源：八马茶业网站 www. bamatea. com。

如果一个品牌拥有相对完善的品牌识别系统，也可以到品牌识别系统中去寻找品牌心智定位的差异化概念。然而，如何选择并确定最有价值的定位，成为关键。可以从两个方面考虑。一方面要关注品牌的精髓和核心识别，通常可以发现与竞争对手差异化的价值点。另一方面，还应该关注品牌的价值主张，从品牌的功能利益、情感利益和自我表达利益来寻求品牌的差异化价值。例如，哈根达斯以"爱的味道"为品牌心智定位，通过强调品牌产品的高品质和浓郁口感，满足消费者对于美味冰淇淋的需求，同时也成为年轻人表达爱情的媒介，满足了年轻人的情感需求。而迪士尼则以"世界上最好玩的地方"为品牌心智定位，强调其主题乐园带给消费者的娱乐和冒险体验，同时满足消费者快乐的情感需求（见图3－14）。

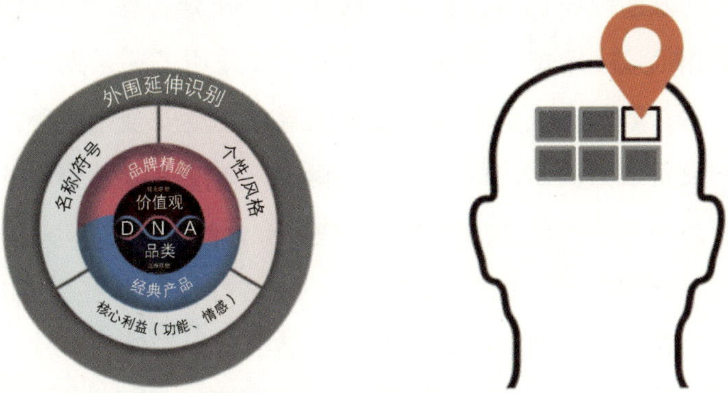

图3－14　品牌核心识别与品牌心智定位

3. 第三步：为定位寻求可信的信任状

消费者面对新品牌和新产品的营销传播，第一反应通常是：你说得可信吗？快速获得消费者的信任，减少消费者的决策成本，是品牌需要解决的重要问题。因此，在定位推出的初期阶段，需要通过提供可信赖的信任状来增加定位的信任度。

首先信任状的原则是越具体越可信。心理学研究发现，具体而清晰的信息很容易让人产生信任感，并促使人们改变行为。相反，含糊不清或模棱两可的信息，即使结论听起来合理，也容易引起人们的疑问和不信任。因此，在寻找信任状时，具体的数据是最受青睐的。例如具体的销售量、用户数量、历史传承的年限、具体的制作工艺等。这些具体的数据概念更具说服力，能够让人们更容易相信。例如，袁记云饺是鲜饺品类的引领品牌，其融合了堂食和零售两种模式，为了在目标顾客心智中建立信任状，在门店窗口处采取手工现做的形式，以新鲜看得见的产品品质，通过视觉呈现快速获得消费者的信任。

消费者通常采用中心路径和外围路径来寻找可信赖的信任状。首先是中心路径，也叫直接路径。当消费者购买大型消费品或耐用消费品时，他们更加注重获取理性和详细的信息，如产品的成分、制作工艺、产品的发明或原创等。例如，沃尔沃汽车定位于“安全”，为了让消费者相信这一定位，沃尔沃率先发明并使用了一系列革命性的汽车安全技术，如三点式安全带、安全气囊、儿童安全座椅等。这些安全技术和设备成为沃尔沃的信任状。相反，如果消费者获取的信息无法支持产品的定位，理性消费者会很快放弃该品牌。

其次是外围路径，也叫间接路径。顾客在选择某些品类的品牌，有时候不会花太多时间去推敲品牌和产品的特性。作为替代，顾客会倾向于通过外部的、间接的信息来做出购买决策。例如，顾客在购买牛奶时，往往更关注产品的人气和销量，而不是详细的营养成分。八马为了占据高端中国茶的定位，也出示了中国茶叶流通协会出具的信任状。尽管这些领导地位表面上与产品特性没有直接关系，但它们突出了品牌的热销和受欢迎程度，成为品牌具有说服力的信任状（见图3－15）。

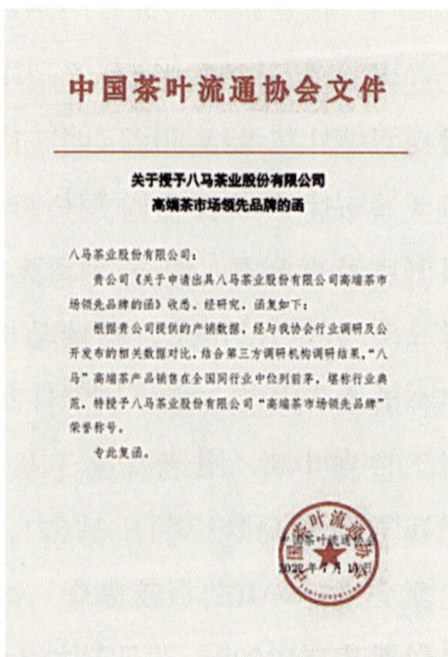

图3－15　八马茶叶的信任状

资料来源：http：//www.chinadevelopment.com.cn/zxsd/2022/0816/1792690.shtml。

4. 第四步：传播定位，植入顾客心智

在品牌发展的过程中，传播定位是至关重要的一步。成功地植入顾客心智需要一个有效的定位传播口号。这个口号应该清晰地传达品牌的定位，即顾客的购买理由，并通过具体的信任状来支撑。

传播口号的表达方式应该流畅、具象且概念简单，以便消费者更容易理解和接受。例如，香飘飘的品牌心智定位是“杯装奶茶品类的开创者和引领者”。它的定位沟通口号是“连续 9 年市场占有率第一”，这个口号非常朴实，没有过多的、华丽的修饰。相反，如果口号无实质内容、与潜在顾客的利益无关、超出品牌能力范围或者只是华而不实的广告语，都无法有效地传播定位（见图 3－16）。

品牌名	品牌心智定位	传播口号
老乡鸡	中式快餐(第一)	全国1000多家直营店
瓜子	二手车直卖网	没有中间商赚差价
青花郎	酱香白酒第二	中国两大酱香白酒
毛豆	新车网	首付3000元起开新车
猿辅导	在线教育	全国累计用户突破四亿
加多宝	预防上火的饮料	怕上火，喝加多宝
劲霸男装	茄克	40年专注茄克
东阿阿胶	滋补国宝	滋补国宝 东阿阿胶
香飘飘	杯装奶茶	杯装奶茶开创者和领导者

品牌名	品牌心智定位	传播口号
方太	厨房电器	中国高端厨电领导者
农夫山泉	天然水	大自然的搬运工
云南白药创可贴	含药创可贴	有药好得更快些
红牛	提神饮料	困了累了喝红牛
长城	经济型SUV	经济型SUV领导品牌
老板	大吸力油烟机	老板，大吸力油烟机
南孚	大电量电池	聚能环:电量更多30%
德邦快递	大件快递	大件快递发德邦
奥克斯	互联网直卖空调	直卖空调|高配置超优价

图 3－16　品牌心智定位与传播口号案例

传播的本质在于重复，不断地重复品牌名称是一种非常有效的方法。在口号中重复品牌名称是一个非常明智的做法。例如，黄金酒的口号是“送长辈，黄金酒”。将品牌名称融入口号中既能强调定位，又能加强品牌名称的记忆。

最后是占据顾客心智的三个关键动作。首先，要准备足够的营销传播预算。定位再好，如果顾客没有接收到相关信息，就无法促使他们产生真正的购买行为，定位就会失去意义。其次，在传播过程中要聚焦于定位。选择最佳的时间、地点和情境，在传播中集中资源传达定位概念，确保目标顾客的能够留下印象。最后，需要对目标顾客群体进行定位概念的饱和传播，并集中足够的人力和财力来进行市场开发。这样就可以确保品牌和产品深入人心，从而实现更广泛的市场覆盖。

通过将品牌心智定位传播和市场开发的资源整合在一起，品牌能够更有效地吸引和满足目标顾客的需求，同时扩大市场份额。这种综合的营销策略将为企业带来更大的商业机会，促使业绩的增长和品牌的巩固。

第四节　营销竞争中的品牌框架

在当代心理学和认知科学中，“框架”（Frame）主要是指人类大脑“表征”（Represent，即代表或呈现）知识的方式，是人类概念化思维的运转机制。[①] 为理解“微信”的意义，关于“智能手机”“App应用”“社交”“朋友圈”的知识必不可少；为理解“智能手机”的意义，关于“打电话”“上网”“App应用”“拍照”“手机品牌”的知识必不可少；在认知“手机品牌”的意义时，“苹果”“华为”“小米”的品牌知识提供了不同的认知框架，在这些框架中，消费者对品牌的意义理解和心理感受会明显不同。

框架理论认为，我们对事物的认知和感受会受到周围框架的影响。而品牌本身就是决定商品和服务价值的认知框架。[②] 同样，品牌本身作为营销传播的框架，在不改变品牌事实的情况下，可以改变消费者的认知框架，从而达到影响消费者行为的目的。

本节通过引入行为经济学和传播学中的框架理论，提出了“品牌

① 郝永华:《知识使用：重新定义框架概念的一种视角》，《新闻与传播研究》2022 年第 9 期。

② 王直上:《品牌创造增长》，中信出版社 2020 年版，第 45 页。

框架”的概念，希望为品牌营销传播提供一种新的视角。通过这种新视角，我们可以更好地理解和应用品牌框架来影响消费者的认知和行为。这将有助于我们制定更有效的品牌营销策略，提升传播效果，增强品牌的竞争力。

一　什么是品牌框架

1. 品牌不仅是一种顾客联想，还可以被视为一种认知框架

品牌不仅是一个名称或一个产品，它还代表着一系列认知和联想，是由消费者记忆中的品牌知识节点和相关的链环组成的。当我们接收到一个品牌知识，与之相关的品牌知识就在消费者心智中被激活。传播学视阈下的框架理论为品牌营销传播提供了借鉴。品牌框架是指在品牌方在与消费者、竞争者等相关方的互动中，在消费者心智中建立的认知模式。这种认知模式在品牌营销传播中以某种特定分类、特性或优势等显现出来。在目标消费者心智中形成某种与众不同的、相对固定的认知和联想。品牌框架不仅能够帮助顾客更好地理解和认识品牌，还能够为品牌创造独特的核心价值和竞争优势。

品牌框架的形成涉及两个方面。一个方面是品牌信息发送方（品牌方），根据自己的认知和理解，为了与消费者沟通的目的进行表达和传播，这是一个品牌框架建构的过程。品牌框架的建构，是品牌方利用消费者特定的认知模式来打造品牌的差异化认知和竞争地位。其目的是赢得潜在顾客的选择，从而获得更大的市场份额。另一个方面是品牌信息接收方（消费者），参照品牌方提供的表达方式展开认知，框架效果在这里发生。品牌方作为品牌框架的建构者和发送者，消费者作为品牌框架的接收者，共同决定了品牌框架的形成。

2. 消费者心智中的品牌框架

根据框架理论，认知中的相关因素并不是独立存在的，它们构成了一个认知网络。激发其中一个关联因素可能间接地激发其他关

联因素。[①] 品牌即框架。人们看到一个商品，大脑马上就会思考“这是什么东西（品类)?”然后会问“这是什么品牌?”这种判断的过程就是心智对事物进行分类的过程。分类是人类抽象思维的基础，消费者对品牌的认知也是通过分类来作出判断。品牌进行框架建构的本质就是引导消费者对品牌进行分类，并建立一系列的品牌联想。

品类代表了不同类别的产品，而品牌代表了品类、消费人群、价格、品质、生产企业、组织、文化、产地、个性等。这些品牌知识形成了不同的意义和框架，存储在消费者的记忆中，并形成一个总体的印象的看法。因此，当我们看到一个品牌商品，并拥有对某一个品牌的记忆和认知框架，就会瞬间投身到商品上。消费者对不同的品牌产生不同的联想，并接受不同的价格。而对于一个无名的商品，则无法产生品牌框架。这是品牌商品比没有品牌的商品更有价值的原因所在(见图 3－17)。

图 3－17　品牌 T 恤

每一种品牌联想背后都代表着一种思维框架。消费者会根据他们过去的品牌认知，将其与生活情境中的需求进行匹配，他们倾向于按照自己的认知框架来理解和评估某个品牌，并基于这个框架做出分类和决策。因此，消费者对品牌提供的信息进行认知，这些认知、看法

① ［美］戴维·阿克:《开创新品类》，杨岱若译，机械工业出版社 2020 年版，第 45 页。

决定了消费者的品牌框架和选择偏好。所以，品牌框架并不是要创造一个全新的事物，而是通过操控消费者心智中已经存在的经验和知识，并与消费者的消费需求关联起来。[①] 从而在消费者心智中建立强关联的品牌认知。

品牌框架则是消费者认知和处理品牌信息的方式。即使框架与现实不符合，只要它本身强大，人们往往会忽略事实，坚持保留这个框架。[②] 消费者对品牌的认知、判断、选择以及使用体验都会受到品牌框架的影响。然而，品牌框架的形成是复杂的，它受到消费者过去的使用体验和品牌营销传播的影响，同时也与品牌传播、竞争环境、社会舆论以及消费者的内在特性和文化等紧密相关。

二　竞争性的品牌框架建构

品牌的各种识别要素和联想构成消费者的认知框架。但是，这些框架的强度有所不同，框架效果差异也很大。塑造强有力的品牌框架是品牌营销的关键，它能够帮助品牌创造与众不同的心智定位，从而与竞争对手区分开来。

竞争性的品牌框架在消费者的心智中展开，通常以占据某种品类的联想，占据某种产品特性的联想或者展示某种竞争优势的联想的方式呈现。竞争性的品牌框架对顾客的购买决策能够产生决定性的影响。重塑品牌框架即意味着改变潜在顾客的认知框架，向顾客传达品牌的意义和价值，从而影响他们的认知和选择偏好。

1. 通过品类建立顾客心智中的品牌框架

消费者以品类思考，以品牌选择。品类、品牌都是框架。品类是产品的分类，也是品牌所在的产品类别。消费者心智中关于品类的框

---

① ［美］艾・里斯、杰克・特劳特：《定位》，谢伟山、苑爱冬译，机械工业出版社 2011 年版，第 8 页。

② ［美］戴维・阿克、王宁子：《品牌大师》，陈倩译，中信出版集团 2019 年版，第 109 页。

架，可以帮助品牌建立竞争优势。通过品类在顾客心智中建立品牌框架主要有两种方式。

一是通过开创新品类在顾客心智中建立品牌框架。在科技创新高速发展的时代，新品类的出现不仅在人们意料之中，也是消费者期待的。新品类的推出意味着品牌超越了竞争者，也超越了自身。过时的产品和新产品给消费者带来的心理反应是显而易见的。超越竞争者的办法就是开创新品类。开创新品类意味着品牌摆脱了消费者心智中旧的品牌框架，建立了新的认知框架，从而与竞争品牌实现区隔。在激烈的市场竞争中，品牌实现快速增长的唯一途径，就是要打造出顾客脑海中新的“必需品”，以此来定义新的细分品类，并建构具有竞争壁垒的标杆品牌。①

例如，王老吉作为一种用于消暑的凉茶产品品牌，拥有近两百年的历史。2002 年以前，在广东、浙南地区销量稳定，有比较固定的消费群。然而，王老吉始终无法走出广东和浙南。为了使王老吉走向全国市场，企业面临一个的重要抉择，即红罐王老吉是当“消暑凉茶”卖，还是当“预防上火的功能饮料”卖？对消费者而言，这是两种不同的认知框架。上火作为人们日常生活常见的痛点，激活了人们对过去经验的记忆，特别是那些经常吃火锅、吃烧烤，有上火问题的消费者。最终，决策层决定将品牌定位为“预防上火的功能饮料”。通过品牌框架转换，王老吉给消费者带来了完全不同的品牌联想，从而改变了消费者的消费动机和购买行为。数年后，王老吉成功走向全国，一跃成为百亿销量的强势品牌。

二是通过成为顾客心智中“品类的代表”建立品牌框架。消费者的选择是在比较中产生的，如果一个品牌能够在顾客的心智中成为某个品类的代表或典范，那么它自然而然就成为能见度和顾客信赖度最

---

① ［美］戴维·阿克：《开创新品类》，杨岱若译，机械工业出版社 2020 年版，中文版序。

高的品牌。产品实力决定了品牌实力，聚焦某一细分品类，并通过产品实力建立品牌优势。当品牌在市场上传达出最受青睐、热销、领导地位、经典产品等就可以使消费者产生“品类代表”的联想。当消费者一提起品牌就能产生这些联想，就建立了基于品类的品牌框架。

例如，九牧王早期定位为商务休闲男装品牌，随着同质化和市场竞争的加剧，难以在顾客心智中建立差异化竞争优势。后来，将品牌重新定义为“全球销量领先的男裤专家”。在消费者心智阶梯中建构“男裤领先”的品牌联想，当目标消费者希望购买一条高级男裤，马上就能联想到九牧王。一旦九牧王在男裤品类获得消费者的共鸣，品牌以及品牌包括的其他产品也同时获得成功。“九牧王 = 男裤专家”的品牌联想，为品牌建立了认知优势。

2. 将品牌特性作为品牌框架

特性是品牌或产品的个性、特点或与众不同的特征。消费者的需求是驱动力，与竞争对手不同是思考背景，而产品特性是解决方案，这种因果关系构成的思维框架，具有极强的消费驱动力。通过特性在消费者心智中建立品牌认知框架，能够凸显品牌的某些侧面以及其中的因果关系，并与消费者的经验和需求相连接，从而赢得消费者的青睐和选择。比如，佳洁士聚焦于“防蛀”，黑人牙膏聚焦“清新口气”，云南白药聚焦“牙龈出血”，冷酸灵聚焦“牙齿过敏”。不同的特性代表了不同的消费人群和消费需求，体现了品牌的竞争优势，同时也构成消费者对品牌特性的认知框架。

一种特性就是一种认知框架，品牌可以通过调整消费者的认知框架，建立品牌优势。例如，劲牌酒业公司在推出中国劲酒（保健酒）以前，人们已经有采用中草药泡制药酒的习俗。药酒和保健酒代表了两种不同的思维框架和价值，前者的意义在于防病治病，而后者的价值是保健和养生，两者的市场范围和市场规模完全不同。当劲牌酒业推出中国劲酒以后，消费者开始构建对保健酒产品特性的认知框架，意味着保健酒成为人们日常生活中的消费品。这种框架的转换，不仅帮助品牌建立了新的品牌认知，同时也扩大了市场份额。

3. 将竞争对手作为“背景”的品牌框架

消费者的选择是在比较中产生的。每当我们否定一个框架，就在消费者心智中唤起了另一个框架。① 当竞争对手非常强大时，可以通过找到他们强势中的弱点，并将这些弱点作为“背景”，从而建立起自身的品牌优势。品牌就是决定商品和服务价值认识的框架。

以竞争者为“背景”的品牌框架是一种有效的市场竞争策略。例如，元气森林作为一个汽水饮料品牌，与含糖汽水直接对立，在目标消费者心智中建立了“0 糖、0 脂、0 卡”的认知。当一部分消费者想喝汽水，却又因为“含糖”汽水容易长胖而有顾虑时，元气森林就成为顾客首选。云南白药推出创可贴产品时以“有药”为定位，充分利用了人们的固有认知（框架），即云南白药能治愈伤口的联想，以及人们普遍相信药物可以使伤口更快愈合。同时，云南白药创可贴与其他创可贴形成了对立，隐喻其他创可贴无药。“有药”和“无药”是两种不同的价值诉求和认知框架。当消费者希望伤口好得更快，云南白药创可贴就可能成为顾客的首选。品牌通过洞察消费者的核心需求，并站竞争对手弱点的对立面，建立消费者全新的认知框架，以此建立自身品牌的优势，并创造出新的市场机会。

---

① ［美］乔治·莱考夫：《别想那只大象》，闾佳译，浙江人民出版社 2013 年版，第 9 页。

第四章　品牌识别设计：视觉识别

品牌识别设计是基于正确品牌识别定义下的符号沟通设计。它的任务是通过有价值、美善的符号沟通，促进消费者快速识别、记忆、搜索和传播品牌。它涵盖了品牌命名、标志、图形、色彩、IP 形象、视觉象征符号、产品造型、包装等一系列设计工作。这些设计成果通常以“品牌识别手册”的形式呈现出来。

大部分品牌都会制定自己的识别手册，手册规定了标志设计、标准字体、标准色、辅助图形、IP 形象等各个方面的规范。虽然这些工作对于创建一个品牌来说是必要的，但这些并不能代表品牌建设的全部，也不意味着品牌建设到此结束。很多战略决策者和设计师聚焦于符号的创意和艺术性，而忽视了品牌信息的传播，从而导致了本末倒置。实际上，品牌识别手册中的创意设计来源于品牌的核心识别要素。设计名称、标志、符号和色彩时，必须清晰地定义“品牌对顾客而言意味着什么”①。因此，品牌识别既是品牌规划的重要环节，也是视觉符号设计的关键。

在进行品牌识别设计时，需要考虑以下几个关键点。首先，确保设计的符号能够准确传达品牌的核心识别要素，使消费者能够迅速认

① ［法］让－诺埃尔·卡普费雷尔：《战略品牌管理》（第 5 版），何佳讯等译，中国人民大学出版社 2020 年版，第 153 页。

知和理解品牌。其次，设计的符号要与品牌心智定位一致。此外，在设计时还需要注意符号的美学效果，使其能吸引消费者的注意力，产生积极的视觉联想和美的感受。最后，符号的设计要具备可塑性和延展性，便于在不同媒体和渠道中灵活应用，保持品牌视觉识别的一致性和连贯性。

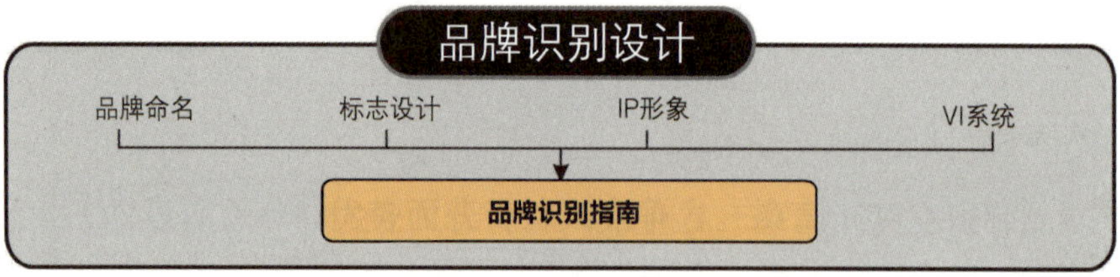

图 4－1　品牌识别设计

第一节　品牌符号识别：符号联想

符号是“携带意义的感知”①。符号就是意义的表达，没有符号就没有意义存在。换句话说，符号的用途是表达意义，意义必须用符号才能表达。

符号联想是品牌识别系统（产品联想、组织联想、人格化联想、符号联想）的四个维度之一。符号联想就是与品牌相关的符号所产生的联想。品牌标志是一种符号，但品牌符号不仅仅局限于标志。品牌符号包括品牌名称、标志、色彩、图形、图像、IP 形象、包装、广告语、广告曲等一切可识别的符号。优秀的符号可以促进消费者对品牌的识别、记忆、提取、搜索和传播，从而帮助品牌在消费者心智中建

① 赵毅衡：《符号学原理与推演》，南京大学出版社 2016 年版，第 1 页。

立起独特的联想。

一 品牌符号联想的意义

品牌通过符号来区分产品或服务，并传递其价值。消费者通过品牌符号来辨识和区分产品及其带来的利益。

1. 品牌要么源于一个人们熟悉的符号，要么进化为一个象征符号（品牌）

广告之父奥格威所说，所有广告都应该有助于建立一个复杂的象征符号，这里的象征符号就是品牌。① 品牌符号策略的关键在于让人一眼就记住品牌，在顾客产生需求时马上能联想到这个品牌。品牌符号的建构，应优先考虑人们大脑中熟悉的事物，而不是创造出顾客无法一眼识别的全新符号。一个全新的符号对于不熟悉它的人来说，无法传递任何品牌信息。因此，我们应该选择那些人们熟悉且有意义的符号，并将其嫁接到品牌上。

在品牌传播过程中，选用人们熟悉的符号来传播品牌，可以迅速让消费者记住品牌，并在短时间内让品牌深入人心。我们应该尽可能选择人们熟悉的符号，包括品牌的名称、标志、图形、产品、IP 形象和广告语等。这样做可以显著提升品牌传播的效果，事半功倍。许多杰出的品牌最初就源自人们熟悉的符号，逐渐发展成为具有影响力的象征符号（品牌）。例如，苹果作为一种人们熟知的水果，本身就是一种符号。乔布斯将苹果（水果）的名称和图形作为品牌名称和标志，通过商业上的成功，使“苹果”成为全球知名的消费电子品牌。类似的，特斯拉创始人马斯克对尼古拉·特斯拉（Nikola Tesla，有世界影响力的发明家）非常崇敬，所以就将新能源汽车品牌名称命名为特斯拉，随着商业上的成功，特斯拉就从一个名人的名字演变成新能

① ［美］大卫·奥格威：《奥格威谈广告》，曾晶译，机械工业出版社 2016 年版，第 10 页。

源汽车品牌（见图4－2）。

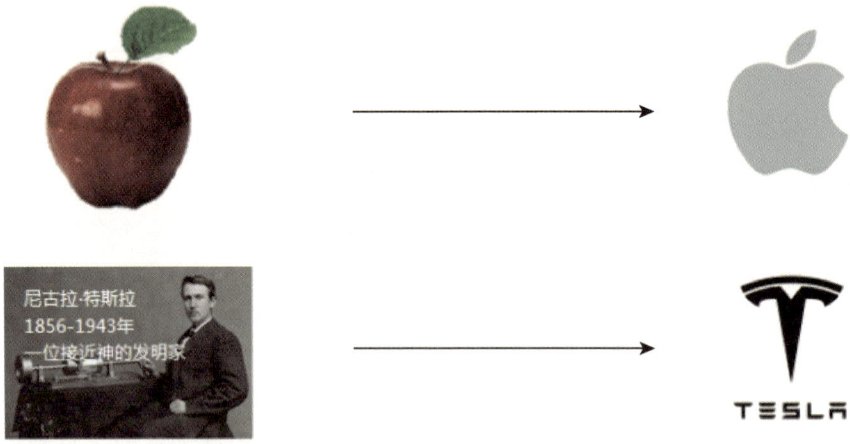

图4－2　从一个人们熟悉的符号到象征符号（品牌）

2. 人们熟知的符号，就是品牌最好的名片

品牌不仅是一个标志，更是一种价值和文化。好的符号能够调动人们以往的知识、经验和联想，并将其嫁接到品牌上。更重要的是可以将符号以往的价值联想和影响力也一并嫁接过来，从而极大提高品牌传播效率。例如，武当道茶中的“武当”是人们熟悉的道教文化符号，大部分消费者一眼就能记住。这个符号能够唤起消费者对道家养生文化的联想，从而将道家养生文化与品牌价值和理念关联起来，从而提升品牌的价值（见图4－3）。因此，在策划和设计品牌符号时，需要将其与人们熟悉的符号相连接，以确保品牌能够更好地被消费者识别和记忆。

图4－3　武当道茶中的道教文化符号

一个品牌会拥有多个符号识别元素，不同的符号拥有不同的能量和传播力。一般来说，用于传播的品牌符号元素越少，当聚焦资源去传播的时候，消费者就越容易识别和记忆。企业只选择能量最大、传播力最强的几个符号来进行传播。符号能量的强弱主要体现在消费者对符号的熟悉程度、画面感和其所蕴含的意义上。例如，京东的小白狗、天猫商城的小黑猫、QQ 的小企鹅不仅给消费者留下了深刻的印象，其可爱的形象也拉近了品牌与消费者的距离。

品牌符号代表着品牌的意义，具有较强的营销传播价值。那些具有高能量的象征符号在品牌营销传播中起到重要作用。可以让一个新品牌快速被消费者记住和传播，能够改变消费者的选择偏好。有些符号甚至可以引导顾客产生条件反射式的消费行为，从而促使顾客立即下单购买。

二　品牌符号的类别

人有五种感知通道对应五种感知，分别是视觉、听觉、嗅觉、味觉、触觉。品牌符号可以根据人的五种感知来划分，包括视觉符号、听觉符号、嗅觉符号、味觉符号、触觉符号。[①] 标志（文字、图形）、产品、包装、IP 形象、图形、图像等通过视觉传播，是品牌视觉语言符号；名称发音、语言口号、歌曲等通过声音传播，是听觉语言符号；气味、味道、触感等是嗅觉符号、味觉符号和触觉符号。

研究发现，人类有 70%—90% 的传播活动是语言传播，视觉形象在很多情况下比语言传播更能影响人的感知和记忆。[②] 在品牌营销传播中，消费者信息的获取以视觉符号和听觉符号为主，其中视觉符号占据绝对主导地位。所以，品牌视觉符号是品牌识别和传播的重中之重。

---

① 华杉、夏晓燕：《华与华使用说明书》，江苏凤凰文艺出版社 2020 年版，第 106 页。

② ［美］戴维·阿克、埃里克·乔基姆塞勒：《品牌领导（珍藏版）》，耿帅译，机械工业出版社 2019 年版，第 82 页。

表 4-1　　品牌符号的类别

符号类型	感知器官	主要体现
视觉符号	通过眼睛感知	文字、标志、图形、图像、产品、包装、IP 形象等
听觉符号	通过耳朵感知	与声音有关的名称发音、语言口号、歌曲等
嗅觉符号	通过鼻子感知	与气味有关的各种香气和臭气 主要应用于香水、星级酒店、食品行业等
味觉符号	通过舌头感知	与味道有关的各种酸、甜、苦、咸、鲜 主要应用于食品、饮料行业等。例如老干妈的味道
触觉符号	通过身体感知	与触觉有关的材质、温度等。例如面料、衣服、鞋帽等

三　品牌视觉符号：标志和视觉象征符号

1. 标志是品牌最重要的视觉符号

标志作为品牌视觉符号识别，可以分为字体符号、图形图像符号、图文结合符号三种类型。

字体符号标志。文字字体标志是品牌符号的常见形式。品牌的名称（发音和文字）本身就是重要的符号，具有“能指”和“所指”的功能。由于不同国家和地区的语言和文字符号存在差异，文字标志的识别度通常具有区域性。例如，可口可乐最初的标志以英文字体呈现，但为了便于各区域消费者识别，企业根据不同地区的语言设计了不同的品牌标志。在国内，一些品牌在国内已经具有很高的认知度，为了实施国际化战略，通常也会选择使用英文符号作为标志，比如联想的 LENOVO 标志。

图形图像符号标志。人类对事物的认识是先有现实世界的事物，并在抽象化、理念化后才赋予事物以概念和名称符号，因此，具象的视觉符号比抽象的图形和文字符号传播力更强。图形图像标志能够隐喻品牌的意义和价值，激发消费者的联想。与文字标志不同，许多图形标志能够跨越语言和国界，无须翻译即可被全球消费者识别。例如，苹果公司采用简约的图形标志（咬了一口的苹果），全球统一，消费者不需要文字注解，就能一眼识别和记住品牌。

图文结合标志。图文结合标志将文字和图形图像结合在一起，识别元素相对更多，简洁性相对较弱，但在创造差异性、传达意义、识别性和传播性方面具有优势。例如，QQ 的标志采用企鹅图形与文字相结合，使品牌更加形象，更有亲和力，也更易识别。

2. 品牌传播中的视觉象征符号

语言学家认为，象征（即用一个事物来解释另一个事物）是体现思想的基本方式，是一种非常强大的传播工具。① 视觉象征符号主要包括图形、图像、色彩、人物形象、动植物形象、包装等。在品牌营销传播过程中，语言符号由于比较抽象，很难直接进入顾客的心智。相比于语言符号，视觉符号具有更强的传播力。因此，策划设计人员经常会在产品包装，广告画面、营销情境中使用视觉象征符号来传达品牌意义，激发消费者的情感和记忆。借助视觉象征符号来传递品牌差异化价值，能够产生事半功倍的传播效果。

将品牌的核心价值（语言符号）转化为视觉象征符号，可以使消费者产生品牌联想，引发“品牌—顾客”情感共鸣，可以提高品牌营销传播效率，降低品牌传播成本。例如，金元宝是人们熟知的视觉符号，当其成为黄金酒的符号元素之后，金元宝的价值联想就与节庆礼节的需求联系起来，黄金酒就成为孝敬长辈的节日礼品（见图 4 –4）。

四　品牌视觉象征符号提取的三种类型

皮尔士认为符号有三种不同的类型，分别是图像符号、指示符号和象征符号。图像符号是通过对事物的写实或模仿来表现，与对象具有特征上的相似性，如人物、动物、植物等符号。指示符号与所指的

① Gerald Zaltman, “Rethinking Market Research: Putting People Back In”, *Journal of Marketing Research*, November 1997, pp. 38 –424.

图 4 – 4　黄金酒中的金元宝符号

对象之间具有因果或时空上的联系，如道路上的指示符号、会议室的禁烟符号。象征符号是一种约定俗成的符号，对象所象征的意义是习俗和文化形成的。如鸽子符号象征和平，绿叶符号象征环保，铜钱符号象征金融银行，红色象征革命等。

品牌象征视觉符号应以“提取”优先，其次才是创造。好的品牌象征视觉符号来自人们大脑中熟悉的事物，设计师如果创造一个陌生的视觉符号，消费者就会不知所云。换言之，在消费者心智中没有印象、记忆或联想的符号尽量不用，借用一个消费者熟悉的符号，在品牌传播的过程中能取得事半功倍的效果。视觉象征符号的提取主要有三种类型（见图 4 – 5）。

1. 自然图形图像符号

自然图形图像符号是品牌视觉符号中的一种重要形式。自然界中我们熟悉的动植物、山川河流海洋、日月星辰等一切事物，都可以提取为品牌视觉符号。许多品牌选择用自然符号命名和设计标志，例如蚂蚁金服、QQ、天猫、闲鱼、飞猪等。

自然符号能够产生意义联想（象征意义）。比如，太阳代表着能量和光明，玫瑰代表着爱情和美好，狗代表着忠诚和友善。当消费者看到以自然符号为视觉符号的产品或标志时，就会产生相应的情感联

图 4－5　自然图形图像符号

想，从而增强对品牌的认知和好感。

2. 公共规则符号

公共规则符号是一种约定俗成的，公众可以理解的符号，用于符合公共关系中的规则和特殊含义。这些符号可以被大众广泛识别和理解，在潜意识中引导着人们的行为。例如，当人们看到手机上的绿色电话图标，就知道它代表接听电话；而红色电话图标则代表挂断电话。无论身处世界的哪个城市，只要看到“⇨”图标，人们都知道要向右走。

在品牌传播中，公共规则符号也被广泛用于传达品牌相关性，甚至引发消费者条件反射式的消费行为。以优酷为例，它的标志与音视频播放中的符号“▶”相似，这样的设计帮助人们迅速理解该平台与音视频内容的联系。通过运用公共规则符号，品牌能够更加精准地传递信息，并引导消费者进行决策和行动。

3. 文化象征符号

文化象征符号是具有特殊内涵和意义的符号，承载着人类历史的积淀，人们必须通过学习才能理解。不同国家、地域和民族所拥有的文化象征符号，是展示其独特文化内涵和形式的重要表达方式。

文化符号能够以一种抽象、凝练的方式传达出一种深刻的文化内涵，引发人们的情感共鸣。汉字、长城、兵马俑、武当山、书法和中医等代表了中国的文化符号；卢浮宫、埃菲尔铁塔、白金汉宫、包豪

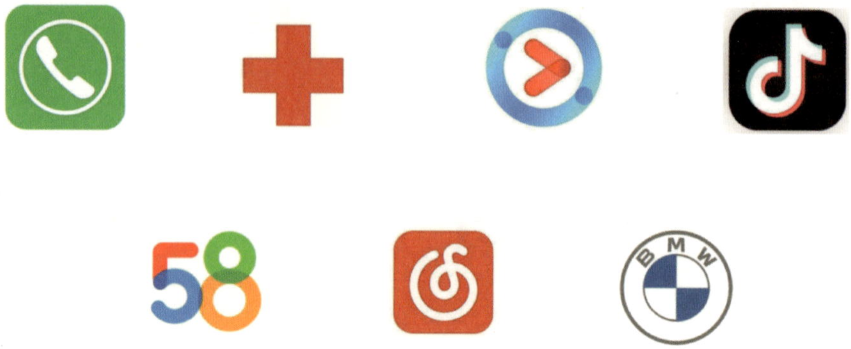

图 4－6　公共规则符号

斯、好莱坞和华尔街等代表了欧美的文化符号，不同的文化符号代表了不同文化魅力和精神价值。

文化象征符号在品牌传播和文化交流中扮演着重要的角色，能够引发人们的情感共鸣，并促使消费者与品牌产生深层次的连接。例如，中国银行的标志就是汉字“中”与古铜钱的共生图形，具有很强的识别性，也具有很强的中国传统意蕴。这样的符号能够与消费者产生深层次的情感联系，建立起强大的品牌联想。随着全球化的发展，文化象征符号在品牌传播中的重要性会越来越凸显，因此，在品牌设计中充分运用文化象征符号将能够为品牌带来更大的影响力和认可度。

品牌传播是品牌符号的编码和解码。将一个符号植入顾客心智非常困难，需要企业投入巨大资源。一个品牌可以从各个维度创建象征符号，但是，有的象征符号能量更强，信息传达率更高。只有发掘和选择一两个能量最强、传达率最高的符号，才能取得最佳的传播效果。品牌拥有一个好名字，一个高识别度的标志，一个 IP 视觉形象，都是非常重要和有价值的符号。品牌的符号经常变化，不利于品牌传播，持续强化视觉符号是一种战略意识。

图 4－7　中国文化符号

图 4－8　外国文化符号

第二节　品牌命名：品牌识别的起点

名称是品牌最为关键的战略资产之一。一个品牌的所有资产最终都要附着在名称上。名称是品牌的第一张名片，消费者通过声音符号、文字符号或图形符号来发现品牌名称信息，并留下第一印象。一个易于辨识、易于读写、易于记忆、易于理解的名称，能够极大地提升营销传播的效果，降低传播成本。因此，创建一个强势品牌的首要任务就是给品牌起一个好名称。

一　品牌名称的作用

品牌名称蕴含并传达着品牌价值和意义。名称的主要作用是帮助消费者更快更好地识别、记忆、提取和传播品牌。

1. 名称为品牌提供了最基础的识别

一个好的品牌名称能够被消费者快速记住，并在消费需求产生的时候快速回忆起来。好名字是一个品牌极具战略性的资产。例如，COCA-COLA 在 1927 年进入中国市场时最初音译为“蝌蚪啃蜡”，这一名称对中国消费者来说难以理解且无法产生良好的品牌联想。后来更名为“可口可乐”，名字简洁、好读好记、寓意良好，营销传播效果显著。

2. 名称能引发品类、特质或个性的联想

消费者以品类思考，以品牌选择。名称的重要性在于它能够引发消费者对于品类、特质或个性的联想。当一个品牌能够代表某个细分品类时，它就成了一个强势品牌。比如，提到宝马，人们会联想到豪华汽车；提到农夫山泉，人们会联想到天然水；而提到六个核桃，则会让人联想到核桃饮品。

优秀的品牌名称能够传达出品牌的特质，传递出与其他竞争对手不同的竞争优势。比如，飘柔传达出了洗发水柔顺头发的功效；而多芬则将令人喜爱的头发香气作为其差异化的竞争优势。好的品牌名称就相当于一句简短的广告语，可以起到品牌心智定位的作用。比如，曹操专车的名称借用了俗语“说曹操，曹操到”，隐喻了专车的快捷。

品牌名称也可以体现出其个性和风格，从而拉近品牌与消费者的距离。例如，老干妈给人温暖和蔼可亲的妈妈形象，并联想到“妈妈的味道”；国窖 1573 则给人传统国酒的经典风格的联想；在酒类品牌中，“摘要”“清样”“内参”这样的名称则会让人联想到某种主流或精英文化。所有这些联想都蕴含着与品牌个性和风格相关的意义。

二　品牌命名的原则

就像人名、地名、动植物名、水果名等一样，任意的字符组合都可以成为一个品牌名称。许多成功的品牌就是以人名和地名命名。例如，中国的张小泉、王致和、茅台酒、恩施玉露；国外的戴尔、梅赛德斯—奔驰、香奈儿、肯德基等。由此可见，几乎任何名称都能成就强势品牌，只要能持续不断地赋予其意义。[①] 在品牌传播过程中，品牌名字没有绝对的好坏，只有相对的好坏。一个好的名字就像滚石头下山，而一个差的名字就像推石头走平坦的路，或者甚至是推着石头上山。因此，命名应主要考虑名字是否为品牌降低了传播成本。一个好的品牌名称需要符合以下三个方面的原则。

1. 简洁平实，易读易写

品牌命名简洁平实、易于阅读和书写至关重要。名称是品牌传播的简化形式，好的品牌名称就是一句精炼的广告语。一些成功的品牌名称如小米、小鹏、菜鸟、盒马、顺丰、微信、得到、百度、支付宝等，简洁易记，容易被消费者理解和传播。

名字首先是一个声音符号，其次才是文字符号。在命名品牌时，需要考虑易于发音，方便消费者口头传播，以建立强势的记忆链接。如果消费者发现某个品牌名称难以发音或拗口，他们很可能选择放弃。一个发音困难的名称会要求企业投入更多的广告资源来教育消费者如何正确发音。此外，名称的发音和读法可能会影响其含义。如果名称的发音模糊不清，消费者就可能会产生误解，这不利于品牌的联想和传播。通常情况下，具有叠音、重复、押韵或有节奏感的名称更容易

① ［法］让－诺埃尔·卡普费雷尔：《战略品牌管理》（第5版），何佳讯等译，中国人民大学出版社2020年版，第190页。

被消费者记住和口头传播。例如滴滴、QQ、陌陌、朴朴、哔哩哔哩等。通过选择易发音、易传播的品牌名称，企业能够更有效地建立消费者对品牌的记忆和联想，提高品牌的曝光度和影响力。

为了避免识别、记忆和传播上的困难，品牌名称应避免使用生僻字。例如，西贝莜面村的“莜”字，对南方消费者而言就是一个生僻字，品牌传播过程中不得不采用注音的方式教会消费者认识这个字。

2. 熟悉亲和，易于联想

品牌命名时，最好使用熟悉的、具象的和有意义的词汇来命名。熟悉度指的是人们大脑中已有的知识或概念，通常是人们日常生活中熟悉的事物。人名、动植物名、地名、山川河流、国家以及各种人造物品的名称，这些事物在人们的记忆中早已存在，无须学习和理解即可记住。因此，传播成本最低的名称通常是人们已经熟悉的词语或事物，而不是一个全新的陌生词汇。这些熟悉的概念无需花费大量传播费用去教会目标消费者，因为他们在日常生活中已经学会这些概念。例如，小鹏汽车、阿里巴巴、母亲牛肉棒、小狗吸尘器、滴滴出行、太阳神、汾酒等。

人们熟悉的名称与具体事物相对应，通常具有某种象征意义或能够引发某种联想。这种联想和象征意义可以表达产品品类或品牌的某种特征，有助于消费者识别、记忆、提取和传递品牌价值。一些品牌名称能够表达产品品类或品牌特性，拥有这样的名称等于掌握了占领顾客心智的关键。例如，1992 年之前，宝马汽车品牌在国内被称为“巴依尔”，后来改名为“宝马”，隐喻着品牌的“驾驶、操控”特点的差异化价值。昆仑山矿泉水使用昆仑山这个人们熟悉的山名，让人们联想到千年不融化的雪山矿泉水。

3. 与众不同，独树一帜

在进行品牌命名时，应该力求与众不同。与众不同的名称更容易被消费者识别、记忆和传播，更有助于传递品牌独特价值。例如，闲鱼 App 是一个二手交易平台，借用了网络流行语“咸鱼”的发音，独具特色且富有个性，配合着广告语“让你的闲置游起来”，名称本身就成了广告语，用户一眼就能明白这个 App 的功能和用途。

然而，独一无二的品牌名称需要考虑行业竞争者的模仿和跟风。品牌需要通过注册商标来保护近似名称商标，以降低竞争者模仿的可能性，维护品牌的合法权益。以“老干妈”和“老干爹”为例，这两个注册商标是两个不同企业的品牌，都涉及贵州油制辣椒风味食品，对消费者来说，可能存在近似的问题（见图 4－9）。

图 4－9　老干爹、老干妈的标志

三　品牌命名的步骤

品牌命名是企业构建品牌识别的重要一环，它直接关系到品牌的认知度、记忆度和辨识度。因此，品牌命名涉及多个学科领域的知识，除了营销学的消费者洞察，还需要心理学的认知和情感，语言学和修辞学的表达，以及社会学的文化和社会背景等。因此，品牌命名既需要科学的分析方法，又需要艺术的创造力和灵感。

在一个行业中，好的品牌名称并不多见。随着市场的扩大和竞争的加剧，两个或三个字的中文名字和有意义的英语单词越来越稀缺。这就需要品牌命名者运用直觉和逻辑进行创造性的思考和探索。品牌命名的步骤可以划分为五个阶段。

第一个阶段：明确品牌命名目标，并遵循命名的基本原则。在确定目标后，需要考虑品类、行业特点、品牌传统、个性风格、细分目标人群和竞争对手名称等要素。

第二个阶段：品牌命名，运用直觉进行创意，也可以广泛征集，以获得尽可能多的创意名称。

第三个阶段：品牌筛选，对获取到的命名进行分类，并进行筛选。在筛选阶段，对各类名称进行逐一分析和比对，并凭直觉排除那些难读、难记、难懂、难写的名称，得到一个适用性较强的备选清单。此外，还需要进行商标检索来排除商标注册可能性不大的名称。

第四个阶段：品牌调研和测试，需要确定多个备选名称，进行内部员工和消费者的调研和测试（见表4－2）。通过综合评估各个方面（如语感、语义、画面感、口音歧义、行业相关性等），最终确定最适合的两三个名字。

第五个阶段：确定品牌名称，对确定的名字以及其对应的中文、拼音或英文等，在国内或国内外，进行相似类别的商标注册，以确保商标得到保护（见图4－10）。

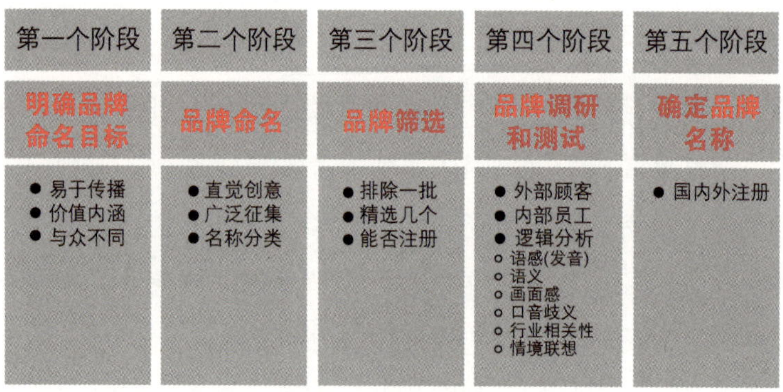

图4－10　品牌命名的步骤

表4－2　　品牌命名调查问卷

本品牌根据以下核心识别要素进行命名	
1. 细分品类：	2. 品牌愿景、价值观：
3. 经典产品：	4. 品精精髓：

续表

<table>
<tr><td colspan="4">5. 个性风格：</td><td colspan="4">6. 功能利益和情感利益：</td></tr>
<tr><td colspan="8">请对以下几个备选名称的各项指标进行评价，评分最高为5分，最低0分</td></tr>
<tr><td rowspan="2">备选
命名</td><td colspan="3">简洁平实，易读易写
（关注语感和画面感）</td><td colspan="2">熟悉亲和，易于联想
（关注语意、行业属性、价值联想以及口音歧义）</td><td colspan="2">与众不同，独树一帜
（关注竞争者与法律保护）</td></tr>
<tr><td>好读
好听</td><td>好认
好记</td><td>好懂
好写</td><td>熟悉度
亲和力</td><td>传达品类
体现特性</td><td>与竞争者的
差异程度高</td><td>被模仿的
可能性低</td></tr>
<tr><td>名称 A</td><td></td><td></td><td></td><td></td><td></td><td></td><td></td></tr>
<tr><td>名称 B</td><td></td><td></td><td></td><td></td><td></td><td></td><td></td></tr>
<tr><td>名称 C</td><td></td><td></td><td></td><td></td><td></td><td></td><td></td></tr>
<tr><td>名称 D</td><td></td><td></td><td></td><td></td><td></td><td></td><td></td></tr>
<tr><td>……</td><td></td><td></td><td></td><td></td><td></td><td></td><td></td></tr>
<tr><td colspan="8">重点推荐：① ② ③</td></tr>
<tr><td colspan="8">我有更好的名字：① ② ③
如果您创作的名字被我公司采纳，将给予相应酬谢。</td></tr>
<tr><td>调查对象
内部员工及目标顾客</td><td colspan="2">职务：</td><td colspan="2">年龄：</td><td>性别：</td><td colspan="2">联系方式：</td></tr>
</table>

《品牌命名调查问卷》是一个对组织内部员工和外部目标顾客进行深入调查的工具，旨在收集评分和意见，为品牌命名决策提供参考。需要注意的是，问卷中评价指标的权重会因行业差异、调研对象选择和数据统计方法的不同而产生偏差。因此，名称选择不能过于依赖统计数据和结果，而应着重发现有价值的信息。品牌名称并不能被简单归为好坏，其选择也受到战略决策者个人偏好的影响。这份调查问卷不仅是一个工具，也是一个思维框架，仅供企业决策者参考。

第三节 品牌标志：视觉识别的核心

标志是一种被广泛应用的视觉符号，除了品牌标志，还有企业标志、组织标志、学校标志、景区标志、城市标志、国家标志、赛事标志、活动标志、公共标志，等等。不同类型的标志在应用场景和传播目的上存在差异，设计时的侧重点和创意方式有所不同。例如，奥运会五环标志代表着五大洲都认同和参与奥林匹克运动；学校标志通常突出学校传统和教育塑造人的意义；组织标志则侧重于传达组织的愿景、价值观以及特有属性。

标志是品牌视觉识别的核心元素。看到一个标志人们就能对这个品牌产生一系列联想。品牌标志的重要性不容忽视，它应该被提升到品牌战略的层面，而不仅仅停留在战术性的传播层面。一个有冲击力的标志能够赋予品牌强大的凝聚力，使品牌更容易被消费者识别和记忆。① 品牌标志的核心作用是降低品牌的识别、记忆和传播成本。然而，由于标志属于视觉范畴，许多人错误地将其视为纯粹的艺术创作。尽管标志设计中的美学和满足顾客偏好等因素也很重要，但这些并不是识别的核心。在标志设计的过程中，我们的首要考虑应该是它是否能降低品牌的传播成本，并提高传播效率。

一　品牌标志的作用

1. 品牌标志最主要的作用是通过视觉符号来区别于其他品牌

标志是消费者通过视觉识别品牌的入口。在品牌传播过程中，那些简洁的、消费者一眼就能识别的标志能够显著提升品牌传播的效率。消费者记住了标志就等于记住了品牌。例如，当人们看到一只戴着红围巾的企鹅图形，就知道是 QQ 社交软件。看到汽车上的 BYD 标志，就知道是比亚迪汽车。而那些复杂的、消费者难以识别和理解的标志，则需要付出更多的广告资源来对标志加以说明（见图 4 – 11）。

---

① ［美］戴维·阿克、埃里克·乔基姆塞勒：《品牌领导（珍藏版）》，耿帅译，机械工业出版社 2019 年版，第 52 页。

图 4－11　品牌标志

2. 品牌标志能够体现和强化品牌的个性、风格和气质

作为品牌最核心的视觉识别要素，标志风格影响品牌整体的个性、风格和气质。消费者因为不喜欢一个标志，而不购买的情况并不少见。标志的风格气质也影响着消费者自我个性和风格的表达。近年来，很多品牌为了强化品牌的个性、风格和气质，更新品牌视觉识别，成功塑造了品牌气质。例如，小米在进军国际市场时，为了展现品牌国际化、年轻化的风格和气质，对品牌标志和视觉识别系统进行了优化设计，使品牌气质体现出国际、年轻、时尚、活力的个性风格（见图 4－12）。

图 4－12　小米新旧标志

3. 品牌标志能引发联想，传达品牌意义和品牌定位

一些标志通过联想和隐喻的方式传达品牌的意义和价值，有效地表达了品牌的意义和价值，并取得了出色的传播效果。例如，美团外卖的标志是一个奔跑的黄色袋鼠。袋鼠因其速度快而闻名，这一特点与美团外卖的送餐“快”的联想相得益彰，巧妙地传递了其迅捷、高效的外卖配送服务。品牌标志不仅创建了一个易于记忆的识别符号，而且还向消费者传达了品牌的核心价值和竞争优势。通过合理运用有

效的联想和隐喻策略，品牌标志能够成功地塑造消费者对品牌的认知和情感连接。凭借着这种高识别度和关联性，品牌标志在营销传播中发挥了重要作用，并在顾客心智中建立起积极的品牌联想。

图 4－13　美团外卖标志

二　品牌标志的类型及特点

通过对国内外成功品牌标志表现形式进行梳理和分类，标志大致可分为三种类型：文字标志、图形标志、图形与文字结合标志（见图 4－14）。

图 4－14　标志的三种类型

1. 文字标志

文字标志通常以品牌名称或缩写作为核心元素，借助于字体的选择和设计，呈现出品牌的行业属性、个性风格和特性。文字标志可以分为中文标志、拼音标志、英文标志或其他语言标志。在此基础上，又可以分为全称标志、缩写标志。比如，LENOVO、MIDEA 就是“联想”和“美的”的英文全称标志；新东方、全聚德则采用中文全称的方式设计品牌标志。CCTV 是中国中央电视台的英文缩写标志。支付宝的标志就是汉字“支”的字体设计（见图 4－15）。

图 4－15　文字标志

文字标志在品牌设计中具有独特的优势。一些品牌的名称本身并没有具象性或画面感，这就需要通过文字来准确地传达品牌的意义和身份。例如，新东方是一个知名的教育品牌，由于其名称没有特定的画面联想，品牌就采用了简洁的中文文字标志。COCA-COLA 的红色飘带英文标志是经典的标志设计。而在非英语国家，为了让当地消费者更容易识别和理解，COCA-COLA 还会根据不同的语言设计新的文字标志（见图 4－16）。此外，有些品牌的名称在消费者中认知度很高，因此可以采用简化的文字标志来代表品牌。比如，中国中央电视台就采用英文缩写“CCTV.”来设计标志。

图 4－16　可口可乐全球各地标志

虽然文字标志可能缺乏具象性的图形元素，但是通过字体、排版和配色的选择，能够表达出品牌的个性和特色。一个设计精良的文字标志能够准确传达品牌的品类、个性、特性以及品牌意义。

2. 图形标志

图形标志包括具象图形标志和抽象图形标志。

具象图形标志是指那些一眼就能够辨识出其中所代表的动物、植物、人物或其他事物的标志。这些图形标志直观明了，能够迅速激发人们与品牌之间的联想。例如，天猫的标志是一只可爱的黑猫，消费者一眼就知道是天猫电商平台。

抽象图形标志则是以抽象的形式来表达品牌的属性和意义。它们通常是由一些大众所熟悉的几何形状，如圆形、方形、三角形、菱形等的组合而成。这些抽象构成的图形标志通过简洁而独特的形状，传达出品牌的核心信息和个性。除此之外，还有一些抽象图形标志是由一些人们熟悉的公共符号演变而来的。这些标志利用了人们对公共符号的熟悉和理解来传达特定的意义。例如，NIKE（耐克）的标志就是一个简单而优雅的"对勾"形，这个抽象的图形识别度非常高（见图 4－17）。

图 4－17　图形标志

图形标志的特点在于具象图形标志与具体事物相关联，抽象图形标志则通常是人们熟悉的图形。有些图形标志可以使消费者无须语言的帮助，就能够迅速识别品牌。同时也能够在全球市场实现识别的统一，促进跨文化传播。苹果品牌标志就是一个经典案例，它利用了具象图形标志的特点，展示了一个被咬过一口的苹果。这个图形标志在全球广为人知，即使没有文字，消费者一眼就能认出是苹果品牌。这种简洁易懂的图形标志提高了消费者对品牌的识别和记忆。

3. 图形与文字结合标志

图形与文字结合标志通常包含图形、文字和色彩三种元素。许多具象的品牌标志虽然也能让人识别，但若识别出来的事物与品牌名称不符，则需要采用图文结合的方式，通过文字来解释图形所代表的品牌意义。比如，华为标志中的花瓣图形，对于不熟悉华为的消费者来说，仅仅看到这个图形，无法知道它代表什么。因此，华为的标志必须将图形与“HUAWEI”文字结合使用，才能被广大消费者识别和理解。图形与文字结合标志主要分为两种类型。

第一种是以文字识别为主，图形与文字紧密结合，合为一体。这种类型的标志设计将文字和图形有机结合，使其具有强烈的识别性。比如，中国太平保险的标志，就是利用中文“太平”二字设计成了一棵松树，文字和图形有机结合，识别性强，也传达了某种意义。这类标志通常以文字识别为主，并融入某种抽象或具象图形。这种标志通过融入特定的图形，旨在强调品牌的品类、特性或某种意义。例如，帮宝适（PAMPERS）的标志中融入了一个爱心图形，传递出妈妈对宝宝爱的情感。通过将文字与符号图形相结合，标志能够更直观地表达品牌的核心价值，使消费者能够更容易地理解和接受品牌所传递的意义。

第二种类型的图形与文字结合标志则相对分离，但结合方式相对固定。一个典型的例子是京东的标志，它由一个白色小狗的具象图形和京东两个文字组成。尽管图形和文字相对分离，但固定的结合方式使它们成为一个标准的标志组合。中国银行的标志也是这种类型，主体是一个古铜钱和“中”字的结合图形，然后是中文书法和英文全称，这三个元素结合在一起构成了一个标准的品牌标志（见图4－18）。

图 4－18　图形与文字结合标志

三　品牌标志设计的几个误解

1. 误解一：品牌标志一定要有图形

如今的一些标志设计师认为品牌标志一定要设计图形，并执着于在图形标志中创造丰富的意义表达，这是一个误区。需要注意的是，设计师创造的抽象图形如果不能引发消费者的联想，意义过于复杂或抽象，就可能会存在传播障碍。

从国际知名品牌的标志设计就可以看出，品牌标志并不一定需要图形。例如，可口可乐的标志只是一个飘逸的字体设计，并没有图形元素。近二十年来，一些国际品牌如联想（Lenovo）、海尔（Haier）、TCL 和大疆（dji）在国内外取得成功，它们的标志没有采用图形。一些国内的知名品牌在国际化的过程中甚至呈现出去图形化的趋势。品牌去图形化旨在强化品牌的名称识别。

图形标志最初的出现是为了在视觉化的时代更好地让人们识别品牌。然而，随着图形标志成为惯例，人们逐渐忘记了最初的目的。一些图形已经开始阻碍人们记住品牌，却仍有许多人乐此不疲，继续花费大量精力在图形创意设计上，甚至认为没有图形就不是一个完整的品牌标志。因此，我们应该回归品牌标志的本质，判断是否需要设计图形，主要考虑图形是否有助于人们识别和记住品牌名称。如果图形起到相反的作用，我们应坚决去除图形。换句话说，那些晦涩难懂的图形只会增加信息的复杂性，降低品牌传播的效率。如果图形无法直接表达品牌，就会将增加品牌的传播成本。

2. 误解二：品牌标志一定要有文字

随着品牌知名度的提升，消费者对品牌的认知度越来越高，有些国际知名品牌只使用图形标志也能够被消费者所识别。比如，耐克和星巴克等品牌近些年就去掉了标志中的文字，使得标志更加简洁。而诸如奥迪、奔驰和丰田等汽车品牌，在产品上也并不出现文字标志。

需要注意的是，那些强势的成熟品牌所采用的极简图形标志识别模式，并不一定适用于初创和发展中的品牌，因此不能盲目简单模仿。以耐克为例，他们去掉了“NIKE”文字，仅保留了“对勾”图形，这是因为企业在之前的品牌建设过程中已经花费了大量的成本，让消费者知道这个“对勾”图形就代表着耐克，人们一看到这个图形就能联想到品牌名字。然而，对于初创品牌来说，在知名度还不高的情况下，采取类似的方式传播，只使用抽象图形或者消费者陌生的英文，可能会遇到识别和传播上的障碍（见图4－19）。

图4－19　耐克的标志

3. 误解三：品牌标志一定要表达丰富的内涵

过去的企业标志、组织标志、学校标志和赛事活动标志的设计通常追求图形创意和意义的表达，给人们产生了一种错觉，认为标志设计必须要表达丰富的内涵和意义，要有巧妙和有趣的创意，给人们焕然一新的感觉。这种猜谜式的创意设计并不一定适用于品牌标志设计。

大多数人不愿花费时间去揣摩一个标志所隐喻的意义，图形内部的意义并不是那么重要。因此，我们应尽量避免采用象征着“某某某理念”这类惯性思维，这种思维框架设计出来的图形只会降低标志的识别性及个性风格。以支付宝的标志为例，简单一个“支”字，人们一看就知道这是支付宝的标志，并不会去思考“支”的最后一笔为什么会飘出去。作为品牌符号的核心，标志本身就承载着品牌的所有意义。在品牌标志设计过程中，设计师不应自作聪明、刻意展示设计技巧，更不必创造顾客无法直观理解的意义。因此，让标志直接传达一种最直接的感觉（个性、风格、气质、品质、特质），而不是一个俗套的意义或内涵。标志的识别性、个性风格和传播性才是最重要的考虑因素。

4. 误解四：艺术性和创意是第一位的

一般来说，不论是设计委托方还是设计师，都希望标志设计在艺术性和创意方面与众不同，能脱颖而出。这意味着设计师在开始设计之前需要充分了解竞争对手和行业中相关品牌的标志设计，尽可能使创意超越同行。然而，这种竞争性思维可能导致设计偏离了正确方向。事实上，品牌名称本身已经是最大的差异化，在设计师刻意展现技巧、追求新颖和与众不同时，可能会导致名称的识别性降低，使标志的简洁性降低。

包豪斯是现代设计的摇篮，他们曾提出以人为中心的设计理念，即设计首先要考虑功能性，然后再考虑艺术性。标志设计也应遵循这一原则。因此，标志设计更需要以消费者为中心，回归品牌标志的本质，即是否易于被消费者识别和记忆，是否能够降低品牌传播的成本。

5. 误解五：品牌标志一定要有标志释义

很多人错误地认为，品牌标志必须附带一个标志释义。在过去，企业标志、组织标志、学校标志、活动赛事标志和徽标设计等往往需要通过标志释义来解释标志创意丰富的内涵和意义，并向广大受众传达出来。然而，对于品牌标志来说，情况有所不同。品牌标志通常不需要复杂的标志释义，而是采用简洁的设计说明。设计说明与标志释义不同，设计说明主要是说明设计的基本思路和设计目的。

消费者通常不愿意花费时间去解读那些复杂的图形寓意和猜谜般的解释。如果设计一个图形标志，需要编写一个标志释义来解释其含义，那么这个图形本身就失去了传播和解释的功能。实际上，这样的图形标志可以考虑舍弃，因为一个图形无法自己说明自己，又能向消费者传达什么信息呢？如果一个品牌标志的直观表达并不是最终解释，那么这个标志就存在传播障碍。

通过简洁、直观的设计，品牌标志应该能够迅速而准确地传达品牌的核心价值和形象，而无须依赖繁杂的解释。一个成功的品牌标志应该瞬间引发消费者的共鸣，并在他们的记忆中留下深刻的印象。因此，建议在设计品牌标志时，放弃过度依赖标志释义的做法，而是注重简洁、直观的设计语言，使品牌标志更具时代感和可识别性。

四　品牌标志设计的原则

品牌标志的设计来源于品牌识别的核心要素，如品牌价值观、品类、品牌精髓、经典产品、名称、个性风格和核心特质。设计师需要通过标志中的图形、字体和色彩的选择和设计，清晰地定义“品牌对顾客而言意味着什么”。[①] 虽然，标志的好坏没有绝对的评判标准，但为了让品牌标志更容易被识别、记忆和传播，设计师仍然需要遵循一些基本原则（见图 4－20）。

1. 识别性

消费者能够识别并记住品牌名称是标志设计的重中之重。品牌名称本身比较具象或者有画面联想，优先考虑采用具象图形来设计标志，

---

① ［法］让－诺埃尔·卡普费雷尔：《战略品牌管理》（第 5 版），何佳讯等译，中国人民大学出版社 2020 年版，第 153 页。

01	02	03	04	05
识别性 利于传播	简洁直观 引人注目 容易记忆	个性风格 品类气质 品质感	形式美 和谐 美观 有趣	可注册 获得法律保护
顾客一眼就能识别，并记住，是标志设计的重中之重 如果名字本身识别性较弱，则需要通过视觉设计来强化	只有简洁明了，一目了然，引人注目的logo才能够更容易被人们记住	标志的个性风格，要与品牌的品类、特性、个性风格一致	•平面构成形式美：点线面的构成 字体、图形、结构 •色彩构成形式美 色彩的情感	国内注册 国外注册 近似类别保护

图 4－20　品牌标志设计的原则

具象的图形更容易被消费者识别和记忆。品牌名称如果比较抽象且没有画面联想的，则尽可能用字体来设计标志，或者在不影响文字识别的前提下，适当将字体图形化或融入简洁图形，而不再另外设计单独的图形标志。品牌标志到底是采用图形、文字或是图文结合，主要得考虑是否为品牌降低了传播成本，而艺术性、趣味性在传播性之下。

2. 简洁直观

在当今繁杂的信息环境中，复杂的品牌标志往往难以被消费者准确识别和记忆。为了使标志更加简洁明了，图形或字体的设计需要尽可能简洁。我们需要去除多余的元素，从造型和结构上进行精简，这样标志才能呈现出清晰的识别性。

为了追求简洁和直观，明智的设计师通常选择在标志中只表达一种意义（联想）。当一个标志蕴含过多的意义时，实际上就无法向消费者传达任何具体含义。这是因为消费者对品牌标志的识别往往依靠直觉式的“快思考”模式。如果一个标志携带多个意义，这意味着需要消费者主动切换不同的思维框架，消耗了额外的脑力资源，这种思维模式并不符合消费者对品牌的认知方式。然而，简洁并不意味着呆板和无趣，相反，一些聪明巧妙的标志通常会有少许的幽默感和趣味性，从而给人们留下深刻印象。

3. 个性风格

标志需要体现品牌的个性和风格。独特个性的标志更容易被消费者识别和记忆。标志的个性风格源于品牌的价值观、品类、核心价值、经典产品以及个性等因素，同时也会深刻影响品牌的未来。风格是个性的外在显现，不同品牌呈现不同的风格，代表着不同的审美和价值观。

在进行品牌标志设计时，个性风格是至关重要的。一个独特的个性风格能够帮助品牌与众不同地突出自己，吸引目标受众的注意力。个性风格可以通过图形、字体和颜色等元素来表达。简约现代风格的标志体现出品牌的创新和时尚；卡通可爱的标志体现品牌的亲和力；经典雅致的标志传达品牌的经典传统；等等。独特个性的品牌标志可以使品牌在市场中脱颖而出。

4. 形式美

形式美是品牌设计中非常重要的一环，它涵盖了对比与统一、节奏与韵律等基本法则。在标志设计中，图形、文字和色彩是三个关键要素，需要遵循形式美的基本法则。首先，在图形和字体的构成上，设计师需要考虑点线面的运用。这些元素的组合和排列应该能够传达清晰的信息，同时保持标志造型整体的协调和平衡。通过巧妙地组合，可以创造出独特且易于辨识的图形和字体标志。其次，色彩在标志设计中起着至关重要的作用。色彩可以通过色相、明度和纯度来进行调整，以体现行业和品类的特点。此外，在标志设计中，还可以运用色彩来唤起人们的联想和情感。合理地运用色彩不仅仅给人以美的感受，更重要的是能够有效地传达品牌的核心信息。

5. 注册的重要性

注册商标是保护品牌和知识产权的重要手段。再好的标志设计，如果不能得到法律的保护，它就很容易被他人使用或模仿，从而失去独特性和竞争优势。注册商标包括国内注册和国际注册两个方面。国内注册可以委托专业商标注册代理机构来完成。未来准备国际化的品牌，除了关注国内注册，还需要考虑标志在国际上注册的可能性。不同国家和地区对商标保护的规定和要求有所差异，因此，品牌在计划扩展到不同国家或地区时，需要提前了解并遵守相关规定，以确保标志的合法性和专属性。此外，为了更好地保护品牌，一些公司还会注册与名称和标志相近的图形和文字标志，尽可能地防止竞争者使用类似的标志。

五　品牌标志设计流程及方法

标志设计是将品牌名称转化为视觉符号的过程，作为品牌的重要资产，企业对品牌标志设计都高度重视，甚至上升到战略高度。事实上，很多优秀的标志设计并非出自设计师或艺术家之手。比如，COCA-COLA 的标志最初是由可口可乐公司的一位记账会计随意书写的。耐克的标志则是由一位当时的在校的大学生设计，设计费用也仅为 35 美元。

虽然设计一个标志并不困难，但设计一个理想的品牌标志却并不容易。没有明确的策略指引，就像一艘没有指南针的船在汪洋大海中航行。标志设计从品牌名称出发，如果仅凭一个名称就开始设计，设计师就会陷入思维和逻辑的混沌。企业也无法从众多标志方案中挑选出最适合的一个。品牌标志设计通常需要经历调研分析、要素挖掘、设计开发、修正和标准化的过程。

1. 调研分析，策略指引

首先，在开始设计之前，设计师需要对品牌识别系统做全面深入的扫描，包括产品联想、企业联想、个性联想、符号联想（详见第二章品牌识别系统）。通过这四个维度的扫描，可以梳理出品牌识别的核心要素，例如价值观、细分品类、品牌精髓、经典产品、核心特质、个性风格和符号名称等，这些核心要素将决定品牌标志的设计方向。

其次，我们也需要调查和研究所在行业的品牌和竞争者的标志创意。品牌标志的识别性和个性风格建立在对行业和竞争者的充分了解上，并与之形成差异化。通过对行业和竞争者的调研，我们可以发现其他品牌标志设计的特点，并在此基础上进行创新和差异化的设计。

最后，企业决策者的个人偏好也是需要考虑的因素之一。他们的意见和喜好将对标志设计产生影响。设计师需要充分了解企业决策者的个人偏好和期望。

当我们能够清晰地界定品牌的价值观、细分品类、品牌精髓、经典产品、核心特质和个性风格，并且了解同行业品牌的识别要素，我们就可能形成清晰的标志设计策略。

2. 要素挖掘，标志表现形式分析

设计前的要素挖掘和表现形式分析，为具体的设计开发工作做进一步的策略准备。品牌标志通常有三种形式：字体标志、图形标志和图形与文字结合标志。

在设计之前，设计师可以从名称入手进行考虑。如果名称本身与具体事物相关或能够引起画面联想，可以优先考虑采用具象的图形来设计。如果名称并没有与具体事物直接相关或者没有画面联想，就可以重点考虑采用文字标志或以文字为主图文结合的标志形式。文字字体标志可以包括中文标志、拼音标志、英文标志等。对于那些有国际化愿景的企业和品牌，会优先考虑采用英文标志或拼音标志。而对于以国内市场为主要目标的品牌，也可以选择中英文结合字体标志或者中文字体标志。需要注意的是，在设计之前必须提前注册文字商标，无论是拼音、英文还是中文汉字，确保标志设计图形能够注册成功。

3. 标志创意设计

在充分掌握品牌识别的核心要素和表现形式之后，就可以开始进行构思、绘制草图和设计开发工作。

设计图形标志时，需要有针对性地搜寻图形图像资料，作为标志图形创意的参考。只有抓住事物的特征，设计出来的图形才能识别性强、简洁美观。以 QQ 的企鹅标志为例，设计师需要收集不同形态、不同角度的企鹅图像资料，作为图形创意的参考。图形的设计不能只局限于简单的扁平化和简约化，也不能只重视图形的形式美，在设计中恰当地体现一些趣味性和幽默感，可以使标志更加具有吸引力。

文字标志的设计需要特别关注字体设计。字体设计涉及字体的大小、粗细、笔画结构、排列组合、装饰造型等多个方面。那些让人难以识别的字体设计不适合作为品牌标志。字体设计应与品牌的个性、风格和气质保持一致，并具备独特性和品质感。同时，还需要考虑目标消费者的审美偏好。经过精心设计的标志字体不仅仅代表着品牌的独特个性风格和气质，还可以成为消费者自我表达的符号。

图 4－21　伍家台贡茶标志设计创意方案

在标志设计中，图形与文字的结合可以分为三种类型。一是图形与文字相对分离的标志，通过一定的结构组合成一个完整的标志。对于那些一眼难以识别的抽象图形，通常需要通过文字来强化标志的名称。例如，华为的标志，花瓣图形与“HUAWEI”字体结合在一起，构成一个完整的品牌标志。二是将文字设计成一种图形，这类标志仍以文字识别为主，但在造型上又呈现出人们熟悉的图形，常常具有某种象征意义。例如，中国太平保险标志中的“太平”二字的外形是一棵常青树。三是在文字中融入简单图形的一体化标志，首先进行字体设计，其次在文字内部或周围融入一些简单且富有意义的图形。例如，亚马逊标志以 AMAZON 字体设计为主，在文字下方融入微笑图形，图形表达了特定的意义（见图 4-22）。

图 4-22　品牌标志案例

色彩具有象征意义，能够引起人们对不同事物的联想，并产生相应的情感（见表 4-3）。品牌标志的色彩应该具有吸引力、强烈的识别性，能够突出品牌间的差异，并展示出品牌的独特个性、风格和气质。标志的色彩尽量简洁，大多数成功的品牌标志通常只使用一到两种色彩，不超过三种。这样可以在视觉上更具辨识度，能够给消费者留下深刻的印象（见图 4-23）。

表 4-3　色彩的象征意义

颜色	象征性
黑色	权威、高雅、低调、庄重，时尚、神秘等
灰色	诚恳、沉稳、考究，智能、成功、权威、智慧、沉静等
白色	纯洁、神圣、善良、信任、开放等
深蓝色	权威、保守、务实等
褐色、棕色	典雅、安定、沉静、平和、亲切等
红色	热情、性感、权威、自信，能量充沛等
粉红色	温柔、甜美、浪漫、热情等

续表

颜色	象征性
桃红色	洒脱、大方、性感等
橙色	亲切、坦率、开朗、健康，浪漫、成熟、安适、放心等
黄色	警示，信心、聪明、希望，天真、浪漫、娇嫩等
绿色	自由、和平、新鲜、清新、活力、沉稳、环保、知性等
蓝色	希望、理想、独立、诚实、智能、放松等
紫色	优雅、浪漫、高贵、神秘、魅力、华丽、浪漫等

图 4－23　荷兰 GraphicHug：国际知名品牌标志的色彩统计信息分析

4. 标志修正，规范化

在品牌设计中，设计师经常会提供多种标志方案供企业选择。一旦企业确定了具体的标志方案，接下来就需要对标志进行进一步完善和精细调整。这个过程会涉及标志造型、字体设计、色彩参数和结构组合方式等方面的精细化调整。通过这些调整，标志的各个要素得到规范化，从而为后续的品牌视觉识别设计提供标准、统一的标志图形和字体。这个过程的目的在于确保标志在不同媒体和应用场景下能够呈现出最佳效果，并保持一致性和规范性。在标志的修正和调整过程中，设计师需要专注于细节，努力使每个元素都达到最佳状态，以确保整体形象的一致性和统一性。

六　品牌标志设计案例

1. 图形标志设计案例：苹果品牌标志设计创意过程

我们可以假设苹果品牌标志设计的创意的过程。首先，我们需要详细了解苹果的品牌识别系统，包括其组织联想、产品联想、人格联想和符号联想。通过这些维度，我们可以确定苹果品牌识别的核心要素。例如，目标客户群体是时尚的年轻人，以个人电脑、手机为主的消费电子产品，简洁、时尚、科技的个性与风格以及创造世界上最好的产品及与众不同的价值观等。

图 4－24　苹果标志设计创意

其次，我们需要选择适合的标志表现形式。苹果作为品牌名称，同时也是世界各地人们都熟悉的水果，其具象形态非常突出。因此，我们可以选择以苹果的图形作为品牌标志，这种图形即使没有文字信息，任何人都能够识别。当然，也可以考虑设计符合品牌风格的字体作为文字标志。

在标志设计阶段，我们先要收集关于苹果的各种图像，选取具有代表性的形态作为参考，并用铅笔绘制标志的草图。通常设计师会绘制多个平面的标志草图，以便于选择最合适的方案。随后，设计师使用专业设计软件将选定的标志草图进行标准化制图，形成平面的黑白标志正稿。最后，需要选择适合的标志颜色，也可以增加一些质感或特效，以增强标志的视觉吸引力。通过精心设计和细致调整，最终的标志将成为苹果品牌在各种媒体和应用场景下最具有标识性的形象，增强品牌的识别度和传播力。

2. 文字标志设计案例：可口可乐标志设计分析

COCA-COLA 公司的品牌标志设计始于 1886 年前后，当时公司的记账员弗兰克 · M. 罗宾逊（Frank Mason Robinson）随手画了一个 COCA-COLA。标志使用的斯宾塞体手绘风格准确地传达了 COCA-COLA 的品牌形象，简洁而有力。这种经典的设计使得 COCA-COLA 标志在过去的百年中一直保持着强烈的视觉辨识度。

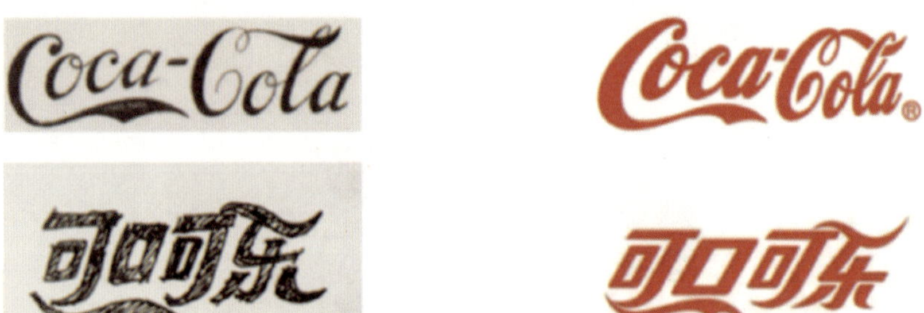

图 4 – 25　可口可乐标志设计创意

COCA-COLA 的中文标志可口可乐字体，由中国香港设计师陈幼坚设计。中文字体在保持英文标志中的飘带和笔画弧度的基础上，融入了自己独特的风格和个性，使中文标志与英文标志保持了相近的风格。这些设计不仅令人印象深刻，也在全球范围内赢得了广泛的认可和喜爱。可口可乐标志设计的简洁性、经典性和与时俱进的特点，成为标志设计领域的典范。

3. 图形与文字结合标志案例：湖北交投标志设计分析

湖北交投实业是图形与文字结合的标志设计。标志由图形、CIID 英文简称、湖北实投实业、英文全称四个元素组成。标志可以清晰地看到各个元素的设计特点和整体的信息。图形标志设计采用了一个圆形作为基础形状，三条白线将圆形切分，形成抽象的几何图形，隐喻“纵横交错的道路”和“交”字，体现了交通企业品牌的行业属性。

图 4－26　湖北交投实业标志设计创意

整体来看，标志元素相对较多，简洁性显得不足。图形设计相对抽象，如果不看后面的文字，一般消费者很难猜测出标志的含义。图形的辨识性和直观性仍然有待提高。标志中英文字体的设计采用现代、简洁和规范的风格，体现了企业现代规范的气质。通过选用合适的字体和排版方式，传达出企业规范统一的形象。

七　品牌标志的演变

在品牌发展的历程中，品牌标志会随着品牌战略调整不断升级和优化。了解品牌标志的演变过程，并探索其中的规律，有助于传承和创新标志设计，也为新品牌的标志设计提供了宝贵的借鉴经验。

1. 国内品牌标志的演变

自改革开放以来，国内企业逐渐认识到品牌建设的重要性。随着中国加入世界贸易组织，国内企业需要面向国际市场，大量国外品牌开始涌入国内市场。商业环境的改变，经营战略的调整以及国际化转型的需求，推动了许多国内企业实施品牌化并展开“换标”行动，2000 年以后甚至出现了“换标潮”。近二十年来，互联网和移动互联网的兴起，带动数字经济和电商平台的高速发展，众多品牌都经历了战略调整，同时品牌标志进行了优化。

图 4－27　中国中央电视台标志的演变

中国中央电视台（英文名称：CHINA CENTRAL TELEVISION，简称 CCTV）的标志不同年代的设计，体现了中国品牌标志设计思维方式的变化。

1979 年，中央电视台采用了一个蝴蝶形的标志。标志通过图形创意融合了英文简称 CCTV、卫星的运动轨迹、蝴蝶天线等元素。采用了彩色电视的红、绿、蓝三原色。这一标志反映出当时追求巧妙的设计思维，即在标志中通过图形创意尽可能传达品牌的主要特点和属性，以引发人们的品牌联想。

1998 年，中央电视台启用了双线体的 CCTV 英文简写字体标志。标志字体双线造型、笔画棱角圆润，第二个“C”为红色，强化了 CENTRAL（中央），TV 字母笔画相连。字体现代简约、风格国际化，具有较强的识别性。这一代标志体现了视觉识别与个性风格与国际接轨。

2015 年，中央电视台再次进行了标志的更新。采用了全新的无衬线字体设计，在 CCTV 右下角增加了一个红色小方点。这一版标志与上一版相比，减少了设计上的形式变化，将设计重心聚焦于个性化的字体设计，比上一代标志更加简洁。与国际标志设计追求极简、个性的发展趋势保持一致。

中国中央电视台标志的演变反映了中国品牌标志设计思维的变化。传统的标志设计注重图形创意及内涵的丰富性，而现代的标志设计回到标志最核心的功能——识别，更加追求简洁与直观，以强化品牌的识别、个性与特质。

图 4－28　联想标志的演变

联想的标志经历了三代设计，在不同阶段体现了与企业战略目标的紧密关联。

第一代标志（1989—2003 年）由三个部分构成。方形的“汉卡”图形，代表着当时联想的主打产品“汉卡”，中文“联想”，以及英文“LEGEND”（意为传奇）。这个标志的设计反映了联想在创业初期的产品和定位。

第二代标志（2003—2015 年）在国内市场采用了“英文＋中

文”结构（LENOVO 联想），而在国外市场则只使用英文 LENOVO。“LENOVO”是一个新造英文单词，其中的“LE”来自“LEGEND”，“NOVO”是拉丁词，意为“新的”。这个新词表达联想的品牌愿景，即“创造新的传奇、打造新的联想”。体现了联想对转型 PC 市场以及成为全球 PC 领导品牌的追求。

第三代标志（2015 年至今）采用了 LENOVO 正体字，红色长方形反白形式。这个设计符合联想数字化和互联网转型的战略方向。红色代表着活力和创新，长方形反白设计则赋予了标志更醒目的外观。

联想的三代标志设计与企业战略目标密切相关。第一阶段是在国内市场以“汉卡”为主力产品的创业时期；第二阶段是转型为 PC 市场，并致力于成为国际化的 PC 领导品牌；第三阶段是向数字化和互联网转型。每一代标志的变化都体现了联想对于不同阶段的战略转变以及品牌形象的塑造。

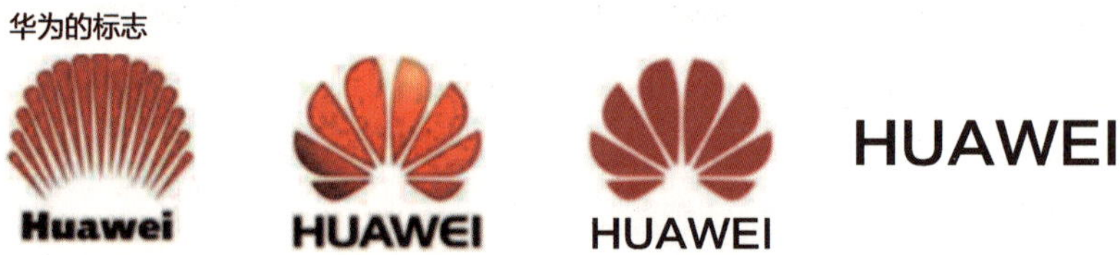

图 4－29　华为标志的演变

华为的标志经历了三代设计，每一代都展现了品牌的个性和气质。

第一代标志（2004 年以前）由图形和字体设计组成。图形由 15 个花瓣组成的红色“花朵”，也是一个散发着光芒的太阳。标志象征企业阳光、积极和向上的价值观，象征着企业的活力、发展。

第二代标志（2004—2018 年）减少了花瓣的数量，由 15 个减至 8 个，同时花瓣的排列从聚拢到散开，象征着华为事业的兴旺发展。这个标志延续了第一代标志的红黑色主色调，加入了光影效果，使标志更具现代感。下方的英文字体则增加了时尚感。

图 4－30　国内部分品牌标志变化

第三代标志（2018 年以后）在第二代标志的基础上进行了小幅调整。标志整体更加鲜明突出。英文字体也更加精致，更加直观、简洁、扁平化，视觉冲击力更强。值得注意的是，在华为的手机产品上，只出现英文文字标志，突显了简约、精致、时尚和现代的形象。

通过这三代标志的变化，华为展现了与时俱进的品牌形象和战略追求。

2. 国际知名品牌标志的演变

提到全球最难忘的品牌标志，就可以联想到可口可乐、耐克、苹果和麦当劳等。这些标志设计简洁且具有个性，要么采用了简洁的图形元素，要么使用了独特而富有个性的文字字体。以下对这几个标志的演变过程进行简要介绍。

可口可乐标志的演变。可口可乐的标志被视为世界上认知度最高的标志之一，在其长达 130 多年的品牌发展历程中，标志也经历了变化和演进。自 1886 年开始，可口可乐一直沿用鲁宾逊设计的斯宾塞体“COCA-COLA”字样的标志，这个经典形象经受住了时间的考验，构筑起了百年的品牌基础。在这百年的发展过程中，品牌标志也经历了“简洁—复杂—简洁”的演变过程。

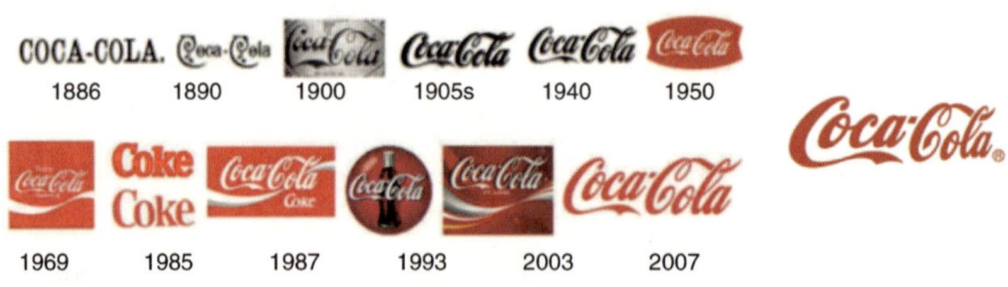

图 4－31　可口可乐标志演变

耐克标志的演变。耐克标志的演变可以概括为四阶段。第一代标志于 1971 年诞生，它采用了图文结合的形式。图形是一个线框形的对钩，而字母部分使用了小写斜体的“NIKE”。设计者将图形解释为希腊胜利女神的羽毛翅膀，象征着速度、动感和轻柔。有人还认为这个标志象征着简洁有力、急如闪电的特质，承载着运动的速度与爆发。第二代标志于1978年推出。这一版标志将线框形状转换为实体形状，并将其出现在标准字的下方，使其更加突出和引人注目。第三代标志诞生于1985年，耐克图标被组合在一个方形背景中，形成了反白效果，进一步增强了标志的表现力。如今，耐克已经成为全球领先的品牌。在品牌传播中，“对勾”图形标志通常单独使用。这个简单而抽象的图形标志更具视觉冲击力，也更易于不同语言的消费者辨识，体现了品牌国际化的气质。

图4－32 耐克标志演变

苹果标志的演变。苹果标志的演变可以分为六个阶段。

第一代标志，诞生于1976年。它是一块被飘带缠绕的金属标牌，图形描绘了一个人在苹果树下读书的场景，飘带上写着“APPLE COMPUTER CO.”。标志使人联想到牛顿与苹果的故事，体现了苹果科技创新的追求。

第二代标志出现在1977年，一直沿用到1998年。它采用了直观且简洁的“咬了一口苹果”图形，并使用七彩的颜色，非常醒目。这个标志迅速成为苹果的代表，并为品牌树立了个性和创新的形象。

第三代（1998—2001年）、第四代（2001—2007年）、第五代标志（2007—2017年），在图形方面并没有变化，色彩和表现效果有所不同。分别是黑色、透明质感和金属质感效果。这些变化在突出苹果产品的现代感和科技感的同时，也体现了品牌的简洁与高端。

第六代标志出现于2017年，直到现在。标志并回归了扁平化设计，色彩为浅灰色。这个标志的追求极致简约，展现了苹果的价值观和审美追求。

图4－33　苹果标志演变

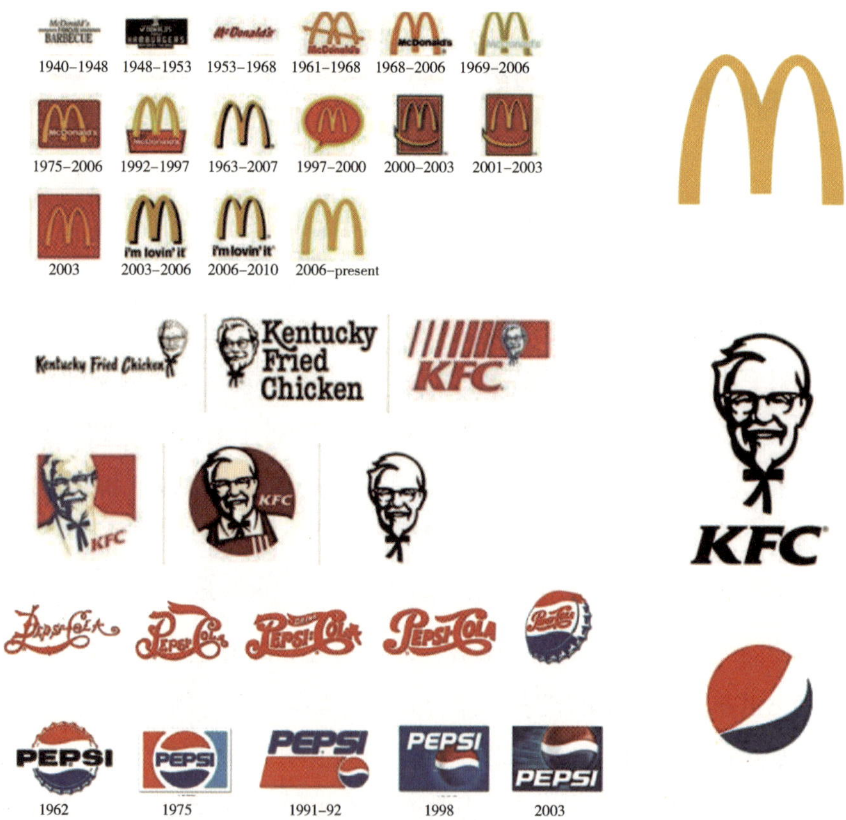

图4－34　麦当劳、肯德基、百事可乐标志演变

苹果的标志设计经历了多个阶段，每一次的变化都反映了当时的设计趋势和风格，其演变过程对于现代标志设计的思维方式具有启发意义。

3. 国际知名品牌标志的设计趋势

近年来，世界知名品牌的标志设计出现了扁平化和极简主义趋势。

极简主义设计趋势。极简主义设计风格追求的是“少即是多”的设计理念。极简主义主要体现为两个方面。一方面是标志内涵和意义的极简。即标志不再追求复杂的创意和丰富的内涵，而是强调标志直观的识别性和个性、风格、气质的传达。另一方面是形式极简。标志去除了不必要的装饰和颜色，以简洁的线条、几何形状和看似简单的设计为特征。通过对图形、文字、色彩的精炼，使标志的形式和内涵达到极简，从而清晰准确地传达品牌信息。极简主义的简约美主要体现在元素的精心选择、细节的精细处理和形式的精致打磨，而不是表面上的烦琐装饰。

图 4－35　国际知名品牌标志设计趋

扁平化设计趋势。扁平化设计风格强调二维极简主义，追求设计的功能性，体现了“形式追随功能”的设计理念。扁平化设计并非简单地做减法，而是通过对图形、文字、色彩的综合考虑和取舍，实现功能的最大化和形式的最简化。扁平化标志设计注重简洁明晰，摒弃了多余的装饰、肌理和效果表现，使标志易于识别且意义明确。这种简洁却不失艺术性的图形设计以及单纯和谐却不失明快的色彩运用，成为当今最流行的设计形式。例如，苹果、麦当劳、百事可乐、必胜客、丰田、宝马、奥迪等品牌都将立体标志转变为扁平的二维标志。

第四节　品牌视觉识别系统

品牌视觉识别系统是品牌识别系统中的符号识别部分，也是最直观、最具传播力的品牌传播元素。品牌视觉识别系统（BRAND VISUAL IDENTITY SYSTEM）是针对品牌所有可视化物料，开发的一系列标准化、专有化的视觉设计。

品牌视觉识别系统最终的成果是“品牌视觉识别指南（手册）”。许多强势品牌都使用这种手册来管理外部的视觉形象和传播。例如，苹果、可口可乐、麦当劳、星巴克、奔驰、宝马；华为、联想、小米、万科、李宁、京东、天猫、QQ、微信等。

品牌视觉识别手册一般包括品牌识别定义、基础识别规范（系统）、应用识别规范（系统）三个部分。其中，品牌识别定义包括品牌传统、品牌理念、品牌核心识别要素、品牌价值主张、品牌心智定位等；基础系统包括标志规范、专用字、专用色彩、辅助图形、图片风格等；应用系统包括商务办公系统、广告系统、产品包装系统、数字多媒体系统、印刷系统、展览展示系统、环境导示系统等各个接触点的设计规范（表4－4）。

图 4－36　小米品牌视觉识别设计（2017 版）

资料来源：https：//www. shangyexinzhi. com/article/1818748. html。

表 4－4　　品牌视觉识别手册目录（参考）

一　品牌定义	联合品牌标志规范	品牌通用字体
品牌传统	产品中的标志使用	
使命、愿景、价值观	标志位置设定总览	**三　应用识别规范**
品牌核心识别要素	广告和印刷边距规范示例	1. **商务办公系统规范**
品牌价值主张	2. **品牌色彩**	名片
品牌心智定位	品牌色	中文信笺
	品牌辅助色	英文信笺
二　基础识别规范	品牌色彩配色示例	中文信封
视觉识别系统元素汇总	3. **辅助图形**	英文信封
1. **品牌标志**	辅助图形总览	中文邮件签名档
品牌标志说明	辅助图形	英文邮件签名档
标志形态	在产品、环境当中的应用	工卡
标志网格的正确比例	4. **品牌图片风格**	来宾卡
标志最小尺寸和保护空间	品牌图片风格总体规范	邀请函（印刷版）
标志颜色	企业文化类图片风格	中文贺卡
单色黑和反白标志	科技类图片风格	英文贺卡
品牌标志背景控制	人物类图片风格	纸杯
单色黑和反白标志背景	错误图片风格示例	笔记本
标志的错误用法	5. **品牌字体**	办公设施用品
社交媒体中的标志头像	品牌专用字体	便笺

续表

文件袋 文件夹 纸袋 **2. 广告系统规范** 广告分栏版面规范 广告分栏版面延展汇总 广告满版版面延展汇总 纸媒广告 户外广告 海报 线上广告 社媒广告 **3. 产品包装规范** 通用版本 概念版本 手提袋	**4. 数字多媒体系统规范** 视频中标志动画 网页 Loading 状态 品牌网站群首页标志 社交媒体头像 电子邮件 EDM PPT 模板 **5. 印刷系统规范** 封面、封底版式设计元素规范 内页网格系统 内页网格系统示例 年报 产品与解决方案彩页 产品说明书 白皮书	投标书 营销刊物 内部刊物 品牌宣传册 **6. 展览展示系统规范** 易拉宝 户外挂旗 背景板 演讲台 设备铭牌 展台门楣元素 展车 **7. 环境导视系统规范** 外部导视系统 品牌接待台 品牌大楼外标志

品牌视觉识别手册为品牌的视觉设计开发提供了指导原则。基础系统通过标准标志规范、色彩规范、专用字规范、辅助图形规范、图像排版风格规范等来保持视觉识别的一致性。应用系统为重要接触点的物料提供了范式，指导企业在不同的应用物料和终端正确使用品牌元素，从而开发更具创新性、个性化的应用形式，使品牌识别保持规范性和一致性。

一　品牌定义：核心识别要素

品牌定义明确了品牌的价值和意义。在建立品牌视觉识别系统时，主要是确立品牌定义，即回答“品牌是什么”以及“品牌对消费者意味着什么”的问题。品牌标志、品牌色彩、品牌专用字、辅助图形、IP 形象以及全部应用物料的开发，都是基于品牌定义。

品牌定义包括品牌传统、品牌理念、品牌核心识别七大要素、品牌价值主张、品牌心智定位等，不同的品牌有所不同。其中，品牌理念包括使命、愿景、价值观。品牌核心识别七大要素包括品牌基因、品牌印记、外部显性识别。品牌基因包括价值观和细分品类，品牌基因决定了品牌的印记，品牌印记包括即品牌精髓和经典产品，外部显性识别包括品牌个性、核心价值主张和品牌符号等（请参阅第二章的品牌识别系统）。

二　品牌视觉识别的基础系统

品牌视觉识别基础系统（以下简称“基础系统”）是基本视觉识别元素的使用原则和规范，包括标准标志、品牌专用色、品牌专用字体、辅助图形、IP 形象、影像风格等。基础系统是品牌视觉识别应用系统的基础，保证了品牌视觉传达的一致性。

1. 品牌标志：标准标志

品牌标志是品牌视觉识别的核心，几乎在所有的视觉应用物料中都会体现。为了确保标志在各种应用物料的使用中能够统一规范，“品牌视觉识别手册”的基础系统不仅对标志设计进行了说明，还详细规定了标志的制图标准、标准色彩参数、结构比例和其他识别元素的组合方式等。品牌标志是一个统一规范、平衡协调的整体，在使用时不得改变其形状、结构和比例。一致连贯的使用品牌标志有助于保持品牌的统一性，使品牌更容易识别。

2. 品牌专用色

品牌专用色有可能与标志标准色相同，也有可能不同。专用色是品牌的主要颜色，很多品牌专用色统领着品牌应用物料的色彩调性。品牌专用色主要有三个方面的作用。一是识别作用。有关研究发现，色彩能将品牌的辨识度提升 80%。专用色能与竞争品牌形成差异，让人一眼识别品牌。例如红罐王老吉，金罐加多宝；红色可口可乐，蓝色百事可乐，蓝色洋河等。二是联想作用。色彩的知觉与情感能产生品牌联想，这种联想能传达品牌的品类、特质、个性和情感，强化品牌差异化价值，直接影响到消费者对品牌或产品的判断，引发消费者共鸣。很多品牌会使用某种色彩来传递价值。例如，老乡鸡的绿色让

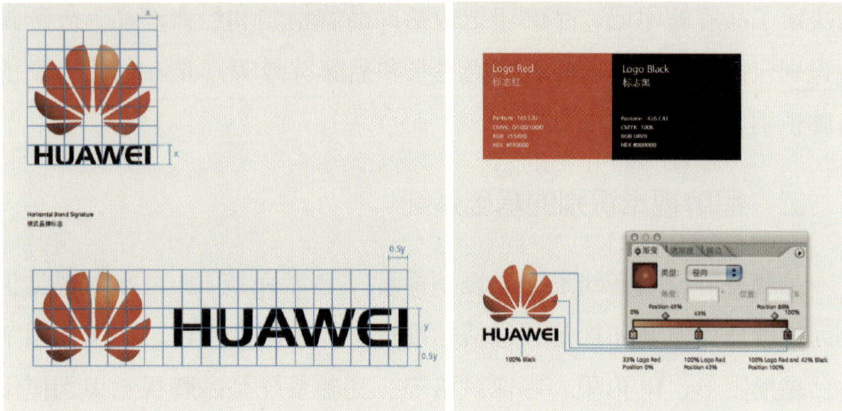

图 4－37　华为品牌标志标准化制图及标准色（V1. 0 版）

消费者联想到绿色的乡村食材。三是审美作用。色彩的审美即艺术性，色彩是审美判断的重要组成部分。不同的色彩可以使人产生不同的联想和审美愉悦。加强色彩的使用效果，运用色彩设计开发品牌视觉，可以引发消费者美的感受。

图 4－38　华为品牌专用色（V1. 0 版）

3. 品牌专用字体

品牌专用字体不是标志中的字体设计，而是品牌所涉及的所有媒介上的主要字体的使用规范。例如，网络媒体、印刷品、宣传媒体等。

国内品牌视觉识别一般规定了专用中文字体和专用英文字体的用法，也规定了标题字体和正文字体的用法。专用字体多来自一些常用的中英文字库，例如方正字库、汉仪字库、文鼎字库、长城字库、经典字库、微软字库等等，这些字库字体类型多种多样，非常丰富。需要注意的是，字体的商业使用需要获得字库授权。有的品牌也会开发自己的专有字体，例如方正字库和小米团队联合打造了“小米兰亭字库”。

设计师需要按照可辨识性、特征、粗细、长宽比例和风格气质来选择专用字体，与品牌个性风格协调一致。为了保证视觉和排版的统一性，大多数品牌只选择相同风格的一两类字体作为品牌专用字。比如，小米的专用字体就选择了“汉仪旗黑”系列。恰当的字体的选择，不仅可以使人阅读轻松，而且可以给人字体和版式上的设计美感。

图 4-39 小米品牌专用字体（2017 年版）

4. 品牌 IP 形象：品牌角色

品牌 IP 形象是对传统企业吉祥物的升级和应用升级。吉祥物在传统的企业视觉形象识别中已经存在。随着互联网的快速发展，品牌与用户之间的连接和互动方式发生了巨大的变化。吉祥物因其高识别度、亲和力和延展性等特点逐渐成为品牌识别的重要组成部分，得到了广泛应用。吉祥物从一个简单的卡通形象逐渐演变为一个有着身份和个性的 IP（知识产权）角色。作为重要的品牌资产，品牌 IP 形象甚至能够超越品牌标志，成为人们对品牌的重要联想符号。以京东的“小白狗”为例，它已经成为京东品牌标志的一部分，人们一看到这只可爱的“小白狗”就能立刻认出是京东。

在品牌传播过程中，具象化的品牌角色比抽象的文字语言更具传播力。IP 形象是连接品牌和用户的重要桥梁，强化了品牌记忆。许多品牌将 IP 形象作为视觉识别的核心元素，通过强调 IP 形象来突出品牌的个性特征，提高品牌的可识别性。

品牌 IP 形象主要有两个作用。一是它具有品牌传播的功能，因为 IP 形象的个性特点可以让消费者迅速认识和记住品牌。二是 IP 形象能够与消费者建立情感联系，产生信任感。具有拟人化特点的 IP 形象具有亲和力，能够拉近与消费者之间的距离。比如，QQ 的小企鹅角色、京东的小白狗角色和天猫的小黑猫角色，都具有活泼可爱的个性特征，同时也具有极高的识别性和传播力量。

三　品牌视觉识别应用系统

在品牌营销传播过程中，品牌与消费者的接触点形式多样，包括产品、包装、广告推广、零售终端、交通工具、环境导示以及制服等。这些接触点是消费者了解、识别、购买、体验和传播品牌的重要媒介。接触点构成了品牌视觉识别应用系统的核心范围。

品牌视觉识别应用系统广泛而丰富，根据使用场景和功能的不同，可以细分成许多不同的类别，例如商务识别、包装识别、媒体识别、公关识别、促销识别、产品识别、终端识别以及互动接触识别等。每个品牌的接触点都有所不同，因此每个企业都应根据自身品牌特点和营销传播需求制定合理的应用清单，并包含在应用系统的目录和清单中。

图 4-40　京东和天猫品牌 IP 形象

与过去全面而烦琐的企业识别系统相比，品牌识别应用部分并不是越细致越全面越好。品牌传播是一个动态的过程，过于详细的清单可能会限制品牌视觉识别的后续延伸和再次开发设计。近年来，一些知名品牌更新了他们的“品牌视觉识别指南”，应用部分呈现出越来越简洁的趋势。例如，小米的品牌设计指南、京东的品牌识别手册、天猫的视觉识别系统、QQ 的品牌书、Twitter 的品牌指南、Apple 的识别指南以及可口可乐的品牌识别系统等。

应用系统的任务是根据“基础系统”规定的基本原则，对应用清单中的各种物料和媒介进行视觉识别的规范，其目的是保持品牌在视觉传播上的一致性，并传达品牌的个性、风格和气质。例如标志的位置和大小、色彩构成、版式结构以及图像风格等。“应用系统”并不是要严格规定应用物料的具体方案，而是一种总体性的使用原则和范式，即一种指南。在品牌营销传播过程中，不同的应用场景，需要根据“基础系统”的原则和“应用系统”中的范式进行有针对性的创意设计和开发。好的创意设计可以使品牌识别更加生动和有亲和力。

一般来说，应用系统清单中的不同物料会有一些常见的尺寸、规格、材质和工艺。设计师可以选择常用的尺寸、规格和材质来进行规范设计，也可以根据品牌自身和媒介特点开发一些个性化的应用。以下针对商务办公识别、包装识别、媒体识别、公关识别、促销识别以及包装识别几个方面的内容作简要介绍。

1. 商务办公用品规范

在企业员工开展商务活动时，使用商务办公用品来传递信息是必不可少的。商务办公用品的应用范围广泛，传播速度快，传播率高，因此是大多数企业必备的传播工具。商务办公用品作为沟通媒介和传播工具，不仅能传递信息，还能传达品牌的个性、风格和气质，为消费者留下深刻的品牌印象。

常见的商务办公用品包括名片、信封、信纸、合同书、文件袋、笔记本、工牌、纸杯和手提袋等。这些物料的材质、制作工艺、尺寸和规格各不相同，同一类物料也存在多种多样的选择。设计师可以选择常用的材质、工艺、尺寸和规格来设计，也可以根据品牌特点和需要开发独特的商务办公用品。此外，不同品牌所处的行业和商务活动形式也有所不同，需要根据具体情况进行规划。

品牌商务办公用品既是品牌日常商务活动的媒介和沟通工具，也需要追求品牌个性和独特风格，不能简单地套用模板或者进行机械的设计复制。设计中的构图、空间布局、信息阅读次序、主次关系以及整体与局部的关系都非常重要。此外，文字信息的排版、字体、字号、字距、行距等细节也决定了设计的质感。在设计商务办公用品时，要注重细节和整体的协调，使其在传达信息的同时展现出品牌的独特魅力。

2. 商品包装规范

商品包装是商品的一部分，既可以与商品相融合，也可以与商品分离。对于那些与商品分离的包装，其主要功能是保护和方便流通，例如手机、电脑和家电产品。而对于那些与商品融合的包装，比如矿

图 4-41 伍家台贡茶商务办公用品示范

资料来源：宣恩伍家台贡茶产业协会提供。

泉水和酒料的瓶体包装，其包装本身就是商品的一部分。

产品包装设计是一个专业领域，不仅需要满足便捷、保护和营销的功能需求，还需要具备审美和艺术性。它涉及材料选择、工艺技术、开模制作、生产流程以及成本控制等一系列专业知识。有些行业甚至设立了专业的产品包装设计机构，为行业品牌提供专业的包装设计服务。因此，在品牌识别应用系统中，对于商品包装规范的要求，并不是直接指定商品包装的设计，而是为包装的形式、版式结构和风格提供参考。这样可以使专业的包装设计师在开发产品包装时不偏离品牌的整体个性、风格和气质。

3. 媒体广告规范

媒体广告是企业实现品牌推广的重要手段，从传统的 DM 直投广告、电视、报纸、杂志、广播等大众媒体广告到现在的新媒体广告。媒体广告可以分为传统大众媒体广告和新媒体广告两种形式。传统大众媒体广告主要指电视广告、报纸广告、杂志广告、电梯广告、户外广告等；而线上新媒体广告则主要指电脑端和手机等移动端的横幅式广告、弹出式广告、通栏式广告、分类广告、互动式广告等。不同的

图 4－42　伍家台贡茶包装示范

资料来源：宣恩伍家台贡茶产业协会提供。

企业根据自身需求和品牌定位选择不同的媒体形式，而不同的媒体形式也会对视觉呈现提出各自的要求。

在线下媒体广告和线上新媒体广告中，“应用系统”的任务是对这些广告版式和色彩结构进行网格化的规范，或者提供一些参考风格示范。其目的是保持品牌视觉识别和版式在各类媒体上风格的统一性。通过规范化的设计，品牌在不同媒体上的传播将更加一致和有序，强化受众对品牌的认知和记忆。

然而，仅仅遵循规范或示范并不能满足企业在媒体广告中展现创意和个性的需求。在具体的应用设计过程中，需要在遵循这些基本规范或示范的基础上，展开创意性的广告表现设计。这意味着设计师需要在保持品牌一致性的前提下，灵活地运用不同的设计元素，如颜色、字体、图像等，来传达不同的情感和信息。只有这样，品牌核心价值才能通过广告有效传达给受众，引发他们的共鸣并激发购买欲望。

总而言之，媒体广告的规范化是品牌视觉识别系统的重要组成部分。通过确立统一的视觉规范，企业能够在不同的媒体上传递一致的品牌形象和价值，提升品牌在受众心中的形象和认知。但在规范的基础上，设计师仍需要注重创意和个性化的表现，将品牌核心价值以吸引人、独特的方式呈现给消费者，从而促进销售和营销效果的提升。

图 4－43　京东线下广告：户外广告规范

图 4－44　京东线上广告：推广物料版式及画面示范

附：万科品牌视觉识别手册目录

1.0 万科品牌
1.1 万科品牌个性
1.2 万科品牌核心价值
1.3 万科品牌标志诠释

2.0 品牌标志
2.1 品牌标志
2.2 正确的比例
2.3 限制区域和最小尺寸
2.4 品牌标志与品牌标识语的组合
2.5 联合品牌A
2.6 联合品牌B
2.7 颜色规定：标准品牌标志
2.8 颜色规定：公司色
2.9 颜色规定：辅助色
2.10 颜色规定：标志背景控制1
2.11 颜色规定：标志背景控制2
2.12 颜色规定：标志背景控制3
2.13 颜色规定：标志背景控制4
2.14 标志的不正确用法

3.0 视觉识别系统
3.1 视觉识别系统总览
3.2 关键设计元素
3.3 辅助图形的由来
3.4 辅助图形的正确比例
3.5 辅助图形的延展应用
3.6 辅助图形的应用
3.7 辅助图形的使用方法(竖版)
3.8 辅助图形的使用方法(横版)
3.9 如何使用光盘中提供的辅助图形A
3.10 如何使用光盘中提供的辅助图形B
3.11 辅助图形应用的灵活性
3.12 辅助图形的色彩应用
3.13 辅助图形的色彩应用
3.14 辅助图形的错误用法
3.15 公司专用字体
3.16 公司通用字体
3.17 图片风格综述
3.18 图片风格：人物
3.19 图片风格：借喻
3.20 图片风格：非影像类图片
3.21 不恰当的图片风格

4.0 文具
4.1 名片：中文正面
4.2 名片：中文背面
4.3 名片：英文正面
4.4 名片：英文背面
4.5 信纸：中文内容
4.6 信纸：中文内容(规范)
4.7 信纸：英文内容
4.8 信纸：英文内容(规范)
4.9 传真：中文内容
4.10 传真：中文内容(规范)
4.11 传真：英文内容
4.12 传真：英文内容(规范)
4.13 5号信封：中文
4.14 5号信封：英文
4.15 5号信封背面
4.16 7号信封：中文
4.17 7号信封：英文
4.18 7号信封背面
4.19 9号信封：中文
4.20 9号信封：英文
4.21 9号信封背面
4.22 文件袋
4.23 文件袋(规范)
4.24 便签
4.25 不干胶贴纸：中文
4.26 不干胶贴纸：英文
4.27 文件封套
4.28 文件封套内页

5.0 印刷出版物系统
5.1 印刷出版物总览
5.2 公司宣传册封面
5.3 公司宣传册封面封底
5.4 公司年报封面
5.5 杂志内刊

6.0 广告系统
6.1 广告系统总览
6.2 竖版广告A
6.3 竖版广告B
6.4 横版广告A
6.5 横版广告B
6.6 海报A
6.7 海报B
6.8 招聘广告
6.9 招聘广告B
6.10 新闻发布会背景板
6.11 电视广告 宣传片片尾
6.12 霓虹灯箱广告

7.0 多媒体传播系统
7.1 幻灯片总览
7.2 幻灯片标题页(图片首页)
7.3 幻灯片标题页(文字首页]
7.4 幻灯片文字页
7.5 幻灯片结束页
7.6 网络应用
7.7 邮件签名

8.0 办公环境系统
8.1 接待区
8.2 总部大楼建筑外观标志
8.3 接机牌
8.4 旗帜

9.0 指示牌系统
9.1 公司铭牌
9.2 总指示牌
9.3 楼层指示牌
9.4 部门指示牌
9.5 工地围板A
9.6 工地围板B

10.0 附带品
10.1 光盘及封套
10.2 纸袋
10.3 笔记本
10.4 纸杯
10.5 员工卡
10.6 职位牌
10.7 请柬
10.8 徽章和袖扣
10.9 视觉识别手册封面封底
10.10 视觉识别手册封套

图 4－45 万科品牌视觉识别手册目录（2008 年版）

第五章　品牌识别规划流程

前面几个章节分别介绍了品牌识别系统、品牌心智定位和品牌识别设计的相关知识。本章将把这些知识点串联起来，融入规划操作流程中，形成一个清晰的品牌识别规划流程。品牌识别规划项目的流程既是专业品牌咨询机构的工作方式，也是企业（委托方）的工作和思考方式。

企业在实施品牌化过程中，通常会寻求专业品牌咨询机构的服务。品牌识别规划的过程就是项目管理、调研、策略思考、卓越策划设计的整合过程。在品牌识别规划项目的流程中，专业品牌咨询机构和企业（委托方）需要紧密合作。

整个品牌识别规划流程通常可以分为品牌调研、战略品牌分析、制定品牌识别系统、品牌识别设计和品牌传播几个方面。流程的科学性、系统性决定了提案的质量和最终的成果。值得注意的是，每个专业品牌咨询机构都有其独特的流程，而本章介绍的流程设计仅是一种合理的选择，而非流程标准。在实际操作中，根据具体情况和需求，规划流程可以进行适当调整。

第一节　战略制定者的“品牌识别”思维

一　战略制定者是“品牌识别”的决策者和推动者

在企业战略制定过程中，如果战略制定者没有品牌理念和品牌化的决心，企业将无法建立起强势品牌。追求短期利润还是长期品牌价值，确实是一个困难的抉择。然而，企业的战略制定者需要转变思维方式，从“卖产品”转变为“做品牌”，从“企业形象”转变为“品牌识别”，在企业内部树立强势的品牌文化，从而推动强势品牌的创建。这种思维转变意味着，企业需要关注品牌价值和品牌资产。企业战略制定者需要认识到——品牌即战略，品牌化不仅仅是一种市场营销手段，更是一种战略选择。

品牌识别是战略制定者渴望创造并保持的一系列独特联想，它为品牌建设提供了方向、目标和意义。[①] 品牌识别系统要发挥应有的作用，就需要和顾客产生共鸣，与竞争者形成差异，并反映企业能做（能力和资源优势）的和计划做的事情。[②] 品牌战略制定者是真正的决策者和推动者，因此，企业需要将品牌理念（使命、愿景、价值观）融入组织文化。专业的策划设计者也应从战略的角度思考，与管理团队沟通，提供具有战略意义的品牌识别规划设计方案。

综上所述，品牌识别是一种战略性决策，需要战略制定者具备系统的品牌识别思维。同时，品牌专家和专业人员也需要站在企业战略制定者的高度，思考品牌的方向、目标和意义，为企业提供具有战略性的品牌识别和设计方案。只有通过这种紧密合作，企业才能够成功创建强势品牌，并在竞争激烈的市场中脱颖而出。

二　战略制定者的“品牌识别”思维框架

战略制定者并不需要系统全面的品牌知识，但是也需要对品牌有深刻的理解和系统化的思维。“品牌识别”思维框架从战略制定者的视角出发，从顶层设计到具体执行，分别从品牌理念、品牌战略、战

① ［美］戴维·阿克：《创建强势品牌》，李兆丰译，机械工业出版社 2019 年版，第 64 页。

② ［美］戴维·阿克、埃里克·乔基姆塞勒：《品牌领导》，耿帅译，机械工业出版社 2019 年版，第 40 页。

略品牌分析、品牌识别系统、品牌心智定位、品牌识别设计、品牌营销传播六个方面来思考“品牌识别”的问题。

1. 品牌理念

品牌理念是指品牌的使命、愿景、价值观。品牌使命就是品牌存在的意义，能为社会解决什么问题？品牌愿景体现了企业的愿望，描绘出品牌未来的图景，未来能给社会带来什么？体现了品牌中长期的目标。品牌价值观就是组织信奉的什么样的价值准则，如何为社会、为顾客创造价值？品牌理念应该是可持续的，能够适应市场环境的变化，并在品牌发展过程中保持一致性。

品牌理念是品牌成功的精神力量和企业发展的根本动力。企业通过品牌理念创建品牌化的组织，使组织形成凝聚力，以品牌为核心为顾客创造价值。品牌理念的作用就是促使组织内部品牌化，指引企业整合社会资源，持续创新，为消费者创造价值，打造品牌竞争力，使品牌在市场竞争中脱颖而出，并与顾客建立深层次的情感共鸣。

2. 品牌战略

品牌战略与商业模式密切相关，承载着企业战略、竞争战略和发展战略。商业模式和企业战略不清晰，品牌战略则无法建立。品牌战略就创建强势品牌的方略，是企业战略的一部分，是企业为实现品牌化或品牌目标而制订的一套长期计划和行动方案，包括品牌化决策、品牌模式选择、品牌识别、品牌延伸与管理。品牌战略是对品牌发展的整体规划，旨在帮助企业建立品牌优势，并以品牌为核心竞争力获取商业利益。企业实施品牌战略必须有两种工具：一种是品牌识别，它详细阐释了品牌的独特性和价值；另一种是品牌心智定位，即在潜在顾客心智中创造某种独特利益和选择偏好。

3. 品牌识别系统

品牌识别系统是一套品牌的价值系统，是战略品牌的基础，推动品牌从小到大，由弱到强。品牌识别系统为品牌提供了目标、方向和意义，几乎可以推动所有的品牌建设和管理活动。

品牌识别系统的建构建立在战略品牌分析的基础上，战略品牌分析主要包括消费者分析、竞争者分析、自我分析。品牌识别系统包括组织识别、产品识别、人格化识别、符号识别四个维度，分别对应着顾客心智中的四种联想，分别是组织联想、产品联想、人格化联想、符号联想，这些联想意味着品牌代表的事物和价值，表达了品牌对消费者的承诺。品牌识别的建构有主次之分，分别是核心识别和外围延伸识别。根据这些识别要素，就可以界定品牌价值主张（一份品牌承诺书）。通过对价值主张的提炼和修辞，营销者就可以创作品牌的核心价值主张（一句品牌传播口号）（参见第二章）。

4. 品牌心智定位

品牌心智定位是市场营销战略的核心，也是品牌识别的一部分。品牌心智定位具体阐明了品牌为了提高市场份额（以赢得竞争为目的），选择攻克一个市场时所采取的角度，目的是成为潜在顾客心智中某个类别或某种特性的代表，从而成为顾客的首选。

品牌心智定位需要从确立直接的竞争对手开始。通过分析竞争对手，深入洞察潜在顾客的消费需求以及消费过程中的痛点、爽点和痒点，结合品牌自身的优势，在潜在顾客心智中寻求一个差异化的价值点（品牌的心智定位）。简而言之，品牌心智定位就是顾客购买某个品牌的理由，它涉及品牌所属的品类和核心特质。通过聚焦品牌心智定位，企业可以快速地开发潜在顾客，并在激烈的市场竞争中脱颖而出（参见第三章）。

5. 品牌识别设计

品牌识别设计是品牌识别系统中与符号识别和符号联想相关的设计，主要包括品牌命名、标志设计、品牌视觉识别系统等。“品牌视觉识别指南”是品牌识别设计重要的成果，规范了品牌的视觉形象，保证了品牌传播过程中视觉识别的一致性（参见第四章）。

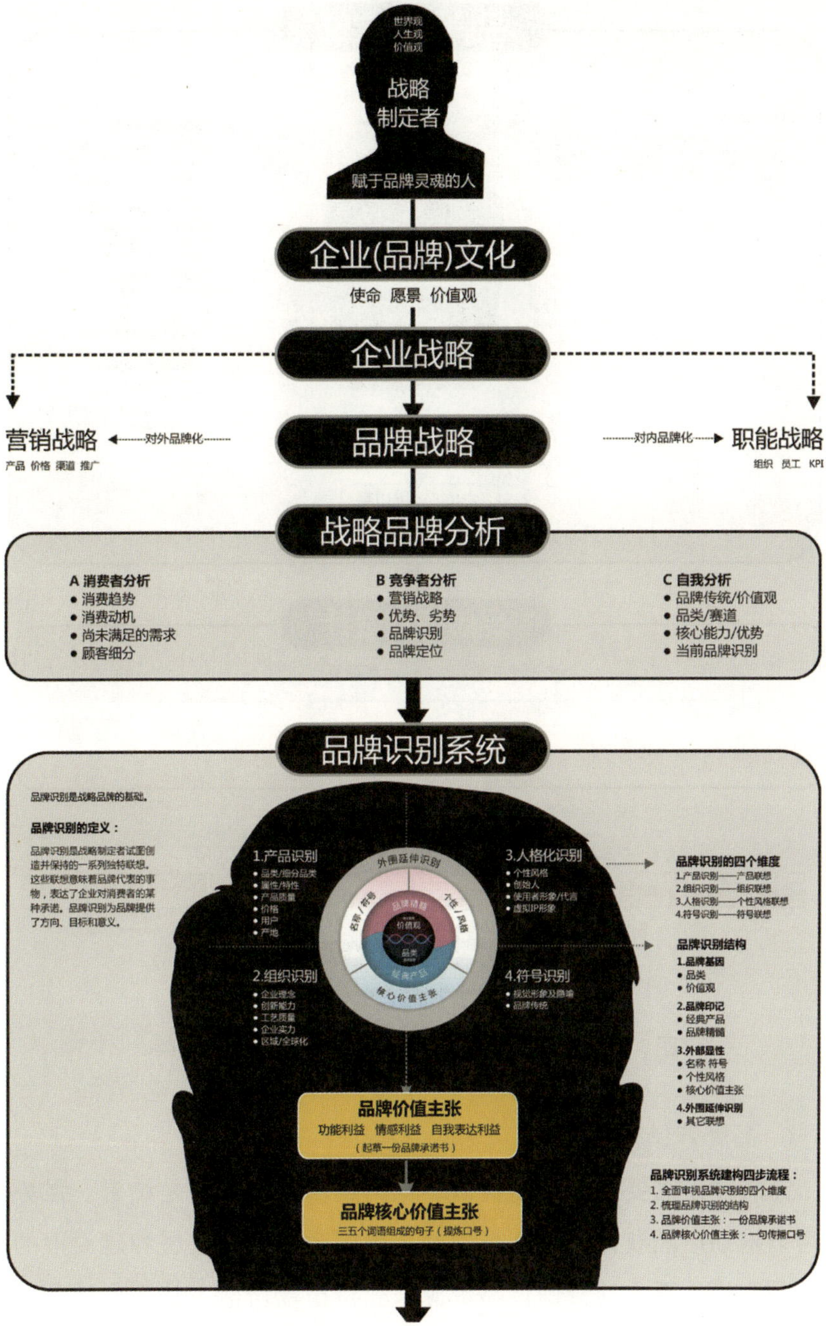
世界观
人生观
价值观
战略
制定者
赋于品牌灵魂的人
企业(品牌)文化
使命 愿景 价值观
企业战略
营销战略
对外品牌化
产品 价格 渠道 推广
品牌战略
对内品牌化
职能战略
组织 员工 KPI
战略品牌分析
A 消费者分析
• 消费趋势
• 消费动机
• 尚未满足的需求
• 顾客细分
B 竞争者分析
• 营销战略
• 优势、劣势
• 品牌识别
• 品牌定位
C 自我分析
• 品牌传统/价值观
• 品类/赛道
• 核心能力/优势
• 当前品牌识别
品牌识别系统
品牌识别是战略品牌的基础。
品牌识别的定义：
品牌识别是战略制定者试图创造并保持的一系列独特联想。这些联想意味着品牌代表的事物，表达了企业对消费者的某种承诺。品牌识别为品牌提供了方向、目标和意义。
1.产品识别
• 品类/细分品类
• 属性/特性
• 产品质量
• 价格
• 用户
• 产地
2.组织识别
• 企业理念
• 创新能力
• 工艺质量
• 企业实力
• 区域/全球化
3.人格化识别
• 个性风格
• 创始人
• 使用者形象/代言
• 虚拟IP形象
4.符号识别
• 视觉形象及隐喻
• 品牌传统
外围延伸识别
名称/符号
个性/风格
品牌精髓
价值观
品类
经典产品
核心价值主张
品牌识别的四个维度
1.产品识别——产品联想
2.组织识别——组织联想
3.人格识别——个性风格联想
4.符号识别——符号联想
品牌识别结构
1.品牌基因
• 品类
• 价值观
2.品牌印记
• 经典产品
• 品牌精髓
3.外部显性
• 名称 符号
• 个性风格
• 核心价值主张
4.外围延伸识别
• 其它联想
品牌价值主张
功能利益 情感利益 自我表达利益
（起草一份品牌承诺书）
品牌核心价值主张
三五个词语组成的句子（提炼口号）
品牌识别系统建构四步流程：
1. 全面审视品牌识别的四个维度
2. 梳理品牌识别的结构
3. 品牌价值主张：一份品牌承诺书
4. 品牌核心价值主张：一句传播口号

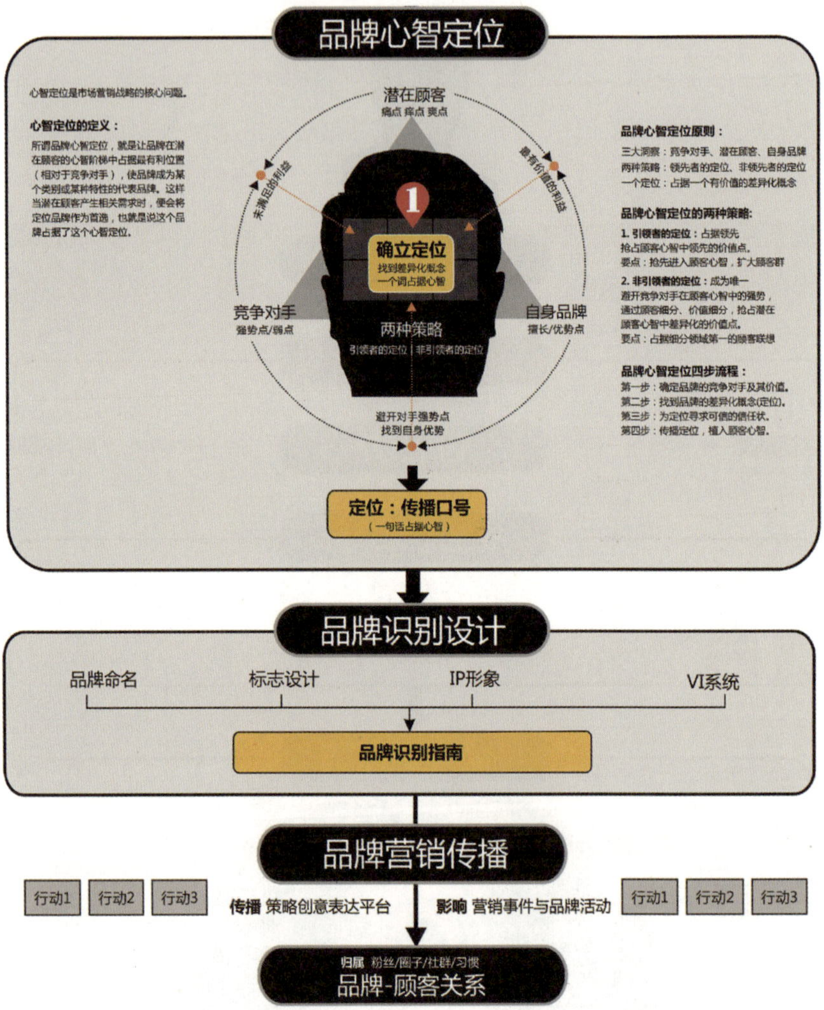

图 5－1　基于战略制定者的“品牌识别”思维框架

6. 品牌营销传播

品牌建设需要企业长期投入，营销是动作，品牌是结果。强势品牌可以推动产品获得更大市场份额及更高溢价，而发展和建设中的品牌则需要投入更大的营销传播资源来获得市场份额，从而推动品牌资产的积累。营销传播是品牌的具体经营活动，通过“品牌识别系统”的指引和策略性地创意，借助线上和线下媒体传播平台，利用一系列的营销事件、品牌活动和销售终端的推广，实现品牌与消费者的互动。

“品牌识别”思维框架清晰描绘了企业战略制定者应该具备的思考方式。这套思维框架不仅有利于战略制定者决策品牌战略，也有利于品牌策划者以战略制定者的思维来思考品牌战略。策划者只有通过设计流程与思维框架的紧密结合，才能制定出科学的、合理的、可执行的策划设计方案。

第二节　品牌识别策划项目管理

品牌咨询服务项目的确定是基于企业的品牌战略和品牌化需求。面对复杂的品牌建设问题，有些大型企业会成立专门的品牌管理部门，全面负责品牌管理和建设工作；但是大部分企业会选择专业的品牌咨询机构，以获得更加专业的解决方案。

一　品牌咨询服务项目

企业选择品牌咨询顾问机构之前，需要仔细评估咨询机构的专业能力、成功案例、行业影响力和信誉等。通过对多家品牌咨询顾问机构的比较和评估，企业方一般会选择两三家专业咨询机构进行深入沟通。

在洽谈合作的初期，企业方会明确自身的品牌建设需求，并与咨询机构深入地沟通和交流。咨询机构也会根据企业方的需求来介绍他们的专业知识和解决方案。其目的是双方建立信任，并为后期的合作奠定基础。

在商讨和拟定合作计划阶段，双方将共同商定品牌咨询服务项目的范围、目标和交付物。这包括咨询机构将提供的具体服务、项目推进的时间表以及预计成果等方面。这个阶段的沟通重点是确保双方对项目的理解和合作目标的一致，并且制定详细的项目计划书，以确保项目的顺利推进。

接下来，双方将形成咨询服务合同，明确甲乙双方的权责和受托关系。合同将涵盖项目的具体细节，如具体服务内容及范围、服务费用、付款方式、双方的权利和义务、知识产权约定、保密协议、违约责任、服务承诺等。合同是双方合作的基本保障，同时也提供了明确的项目合作框架。

为了保证项目的公正、透明和合法合规，一些企业选择委托专业的招投标公司进行公开比选或招标程序，以选定适合的品牌咨询顾问机构。这种方式能够吸引更多具备实力的咨询机构参与竞争，从而确保最佳的服务供应商被选中。通过这样的做法，企业能够获得高质量的品牌咨询服务，并同时符合相关法规和制度的要求。

二　企业方的项目经理

项目成立以后，为了保证项目顺利沟通和高效推进，企业方一般会设置项目经理（甲方），负责项目的规划、组织和管理，以确保项目的高效推进和顺利完成。

对于小企业来说，项目经理通常由决策者（如董事长或总经理）自己担任，决策者具有高度的决策权和资源调配权，能够灵活地为项目收集信息、调配资源，并协调项目进度，以保证项目的顺利进行和预期目标的达成。

对于大企业来说，决策者一般会指派具备相关背景和经验的管理者担任项目经理的角色。这些项目经理在企业内部具有一定的权力，能够协调各个部门和团队，确保项目的顺利推进。他们不仅要收集项目所需的信息资源，还要调度和分配企业的各种资源，包括各部门的人力、物力、财力等，以确保项目的高效执行。

项目经理在企业内部扮演着重要的角色，他们不仅需要具备项目管理的专业知识和技能，还需要具备良好的沟通能力和团队协作能力。他们需要与各个相关部门和团队进行密切合作，协调项目进度、解决问题和风险，确保项目的顺利进行。

三　品牌咨询机构的项目经理及团队组成

在大型的品牌咨询项目中，品牌咨询机构的项目团队通常由一系列专业人员组成，他们担任不同的角色，承担着不同的任务。项目经理（乙方）作为团队的核心人物，负责与客户进行频繁的沟通，了解客户需求和目标，并将这些需求和目标传达给团队成员。项目经理还负责项目的整体规划和组织，确保项目进展顺利，并在项目执行过程中及时解决问题和风险。

除了项目经理，项目团队还包括策划总监和策划师。策划总监负责项目策划的整体方向和战略，确定项目的定位和核心信息，而策划师则负责具体的策划方案的制定和执行。他们需要根据项目目标和客户需求，综合运用市场研究、数据分析等方法，为客户提供有效的品牌策略方案。

在设计方面，项目团队一般会有艺术指导、设计总监和设计师。艺术指导负责项目的整体视觉规划和创意指导，确保项目的设计风格与品牌定位相符。设计总监负责项目的设计质量管理和团队协作，指导设计师的工作并确保设计质量。设计师则负责具体的设计工作，根据项目需求创作出富有创意和专业水平的设计作品。

此外，项目团队还会有客户代表，他们是项目团队与客户之间的桥梁，负责搜集和传达客户的意见和反馈，并确保项目团队能够按时、准确地满足客户需求。团队成员需要具备职业道德、专业精神和高度的责任心，相互尊重、团结协作，通过高效的沟通和分享信息，为客户提供高质量的咨询服务。同时，团队成员还要有保密意识，确保客户的商业机密和敏感信息得到妥善保护。

四　制订项目计划与项目管理

项目管理在品牌策划项目中起着关键作用。它通过提供结构化的方法和系统，帮助品牌项目团队更好地规划、执行和控制整个策划过程。为了确保项目的顺利推进，咨询机构项目经理需要与企业项目经理共同商讨并制订项目推进计划。一般而言，项目推进计划可以分为以下几个阶段：

第一阶段：制定明确的目标。确保所有项目成员都了解到品牌项目的共同目标，确保项目的一致性和有效的内外沟通。

第二阶段：分配资源和任务。品牌策划项目涉及多方面的任务，如市场调研、品牌策划和创意设计等。项目经理通过制定任务分工和资源分配计划，确保每个团队成员理解自己的职责和任务，并能够及时协调和分配资源，保障项目的高效执行。

第三阶段：进度管理和风险管理。项目经理通过建立项目计划和时间表，用以追踪项目的进展。帮助合作双方识别和评估项目风险，并制订相应的风险管理计划，以最大限度地降低潜在的影响。

第四阶段：沟通和协作机制。双方项目经理为策划项目提供有效的沟通和协作机制。建立团队会议、进度报告和沟通渠道等机制，确保团队成员之间的高效沟通和协作，促进信息共享和决策制定的有效性。

项目管理在品牌策划项目中起着重要的作用。它可以帮助品牌团队聚焦目标，分配资源，管理进度，以及促进团队沟通和协作。通过有效的项目管理，品牌策划项目能够更加顺利地取得成功。

第三节　品牌识别策划操作步骤

通常，品牌策划项目包括调研、分析、策划和设计四个关键环节。

而品牌识别策划操作步骤更为详细和具体，包括品牌调研、战略品牌分析、品牌识别系统、品牌心智定位和品牌识别设计五个重要部分。

品牌识别策划操作步骤是策划流程中不可或缺的一环，它不仅是一种思维框架，还需要灵活运用。在进行策划过程中，我们应避免简单的“填充”，而是充分考虑到品牌发展的不同阶段所面临的差异化问题。只有这样，我们才能够更好地规划品牌的识别策略，并确保品牌能够持续发展和成长。

阶段	具体操作步骤	成果及注意事项
一、品牌调研	1. 企业访谈：倾听介绍、了解需求、资料收集 2. 竞争者调查：产品、顾客、定位、营销、渠道、广告等 3. 行业扫描：寻找国内外行业发展趋势、消费趋势报告 4. 顾客调研：顾客访谈，关注消费情境，发现购买动机中的痛点、爽点、痒点	注意事项： 尽可能对品牌和所在赛道有全面了解
二、战略品牌分析	1. 顾客分析：消费趋势、顾客界定、购买动机、未被满足的需求、市场区隔等 2. 竞争者分析：心智定位、优势和弱点、顾客的看法等 3. 自我分析：品牌形象、传统、优势、战略、价值观等	策划前事项： 团队进行头脑风暴，寻找顾客购买理由
三、品牌识别系统	1. 品牌识别四个维度：对应企业、产品、人格、符号联想 2. 一份完整的品牌说明书：关注品牌识别核心要素 3. 品牌价值主张 4. 核心价值主张	成果： 一份品牌说明书 一份品牌承诺书 一句传播口号
四、品牌心智定位	1. 竞争对手分析：确立竞争对手及地位，对手有何弱点 2. 确立心智定位：一词占据心智 3. 传播口号：一句话表达定位 4. 寻求信任状：让顾客相信，用事实证明	成果： 一个定位概念 一句传播口号
五、品牌识别设计	1. 品牌命名 2. 标志设计：设计策略、设计表现、同行标志比对 3. 视觉象征符号 4. 应用规范：品牌接触点，主要应用物料规范和示范	成果： 品牌识别设计
交付物：《品牌识别指南》，包括品牌识别系统、品牌心智定位、品牌识别设计		

一　品牌调研

1. 企业访谈

在品牌咨询项目成立之前，策划设计人员（乙方）已经与企业管理团队（甲方）进行了初步沟通，大致了解企业和品牌的基本情况，明确了企业的需求，这个阶段即是调研的开始。项目正式开始后，仅仅凭借前期的沟通信息无法进行科学分析和判断，策划团队需要深入到企业进行进一步的调研。

在企业访谈中，策划团队首先要倾听企业管理层的介绍，了解企业的组织文化、结构、产品特色、生产情况、市场营销情况、顾客和潜在顾客情况，以及存在的问题等。同时还需要与企业的高、中、低层员工进行重点访谈，以发现有价值的信息。在收集资料方面，我们需要尽可能全面地收集与项目相关的资料。既可以通过向企业方的项目经理获取必要的资料，也可以通过查阅企业网站、企业画册、零售终端、以往的营销活动、广告、新闻报道等途径获取有价值的资料。

这个阶段的调研工作主要是采集调查记录，不涉及分析和判断，旨在全面了解品牌和所在行业的情况。通常情况下，调研访谈可能需要多次进行，而在具体的策划和分析阶段，可能还需要进行补充调研，以便对一些调研不够深入的地方进行进一步了解。

2. 竞争者调查

作为品牌策划者，了解竞争对手对企业非常重要。为了更好地了解自身品牌的优势和劣势，并明确品牌在市场中的定位，企业需要进行竞争者调研，以便确立自身品牌的市场空间。品牌咨询机构很难直接从竞争者那里获得有效的信息，可以通过其他途径来获取有价值的竞争者信息。

首先，可以研究竞争品牌的目标顾客，通过分析竞争对手的目标消费群体，了解他们的消费偏好、购买习惯以及需求特点，以便更好地调整自身品牌定位和市场营销策略。

其次，可以关注竞争对手的拳头产品。通过对竞争品牌的产品特点、功能优势以及创新性的了解，评估自身品牌产品的竞争力，并进行有针对性的产品改进和差异化。

再次，还需要研究竞争品牌的定价策略和定价策略背后的逻辑，帮助企业更好地制定自身品牌的定价策略，确保在市场中具备良好的竞争力。另外，还应该关注竞争品牌的渠道终端和推广促销手段，借鉴其成功经验，寻找自身品牌的渠道优势和推广亮点。

最后，通过分析竞争品牌近年来的广告画面和媒体投放，分析出竞争对手的营销策略。这样的分析可以帮助企业了解竞争对手的品牌定位、市场定位以及传播策略，为自身品牌的营销活动提供有益启示。

3. 行业扫描

了解国家政策对行业发展的优先方向和新政策对新兴行业的影响至关重要，战略制定者和策划团队需要高度关注和重视与行业发展相关的宏观政策。

首先，了解国家政策对重点行业的优先发展方向。国家政策的指导原则和目标会对各个行业的发展产生深远影响。例如，政府可能会将战略性新兴产业列为重点支持对象，可能出台相关政策以推动环保、可持续发展和技术创新等领域的发展，会对行业产生直接或间接的影响。例如，近几年乡村振兴是国家战略，乡村特色产品迎来重要的发展机遇。

其次，国内外一些研究机构和大型咨询机构会发布的行业报告和消费趋势报告，这些报告对品牌发展方向的制定具有重要参考价值。这些报告通常基于大样本调研和分析，展现了市场的整体趋势和消费者的需求变化。通过了解这些报告，策划人员可以掌握行业的市场规模、竞争格局、消费者偏好和趋势，从而更准确地制定品牌策略。这样的背景信息能够帮助策划人员站在战略高度为企业的发展方向提供准确地战略谋划。

最后，还需要关注其他与行业发展相关的因素。例如，技术创新、市场竞争、消费环境等都会对品牌发展产生重要影响。了解这些因素并将其纳入品牌策划中，可以更好地面对挑战、抓住机遇，并在市场竞争中获取优势。

4. 顾客调研

顾客调研是通过不同方法和手段获取顾客需求、偏好、行为、态度和满意度等信息的过程，为战略品牌分析提供依据。顾客调研主要可以分为定量调研和定性调研两大类。

品牌策划定量调研一般采用问卷调查的方法，对一定数量的顾客进行量化统计和分析，得到可量化的结果。定量调研看似较为科学，但受制于问卷设计、调查对象的选择、调查时的情境等因素。因此，调研结果可能会与实际情况存在一定偏差。在进行定量调研时，我们需要客观看待结果，并结合其他因素进行综合分析。定性调研一般采用访谈法和焦点小组法，对一部分顾客进行调研，并对数据进行分析。这种调研主要目的是深入洞察顾客需求，为品牌分析提供重要依据。定性调研能够帮助我们了解顾客的真实想法、情感和需求，帮助策划人员更准确地把握顾客心理，从而为品牌策划提供有力的调研依据。

在进行顾客调研时，无论是为了了解目标顾客的购买行为、需求偏好还是评估产品和服务的满意度，我们都必须重视一些关键事项，以确保收集到的数据具有高度准确性和可靠性。

首先，我们需要建立一个全面的调研方案，其中的一个重点是对被调查对象的特点和背景进行深入了解。这意味着我们需要明确他们的年龄、性别、职业、地域以及其他相关因素，以便更准确地把握他们的需求和偏好。例如，不同年龄段的消费者可能对产品功能的重视程度有所差异，而不同地域的市场也可能存在文化和消费习惯的差异。了解这些因素可以帮助我们更精准地定位目标群体，并准确地捕捉到他们的潜在需求。

其次，在进行调研时，调查人员需要时刻保持中立和客观的态度。他们应该摒弃个人的主观偏见，避免在调研过程中引入任何可能影响结果客观性的因素。这要求调查人员具备一定的专业素养，能够严格执行调研方案并以事实为依据进行数据收集和整理。通过专业的方法和精确的数据，我们能够减少主观因素对调研结果的干扰，从而提供更具说服力的调研报告。

最后，收集到准确可靠的数据后，我们可以深入分析和解读这些数据，从而真正洞察顾客的需求。这意味着我们需要对数据进行细致的剖析，找出其中的趋势、模式和关联性，进一步识别出潜在的市场机会。基于这些洞察，我们能够有针对性地制定品牌策略，优化产品和服务，以满足顾客的期望，并进一步巩固和提升品牌在市场中的竞争力。

二 战略品牌分析

品牌识别是一种战略性的决策，策划活动必须从战略品牌分析开始。战略品牌分析的主要目的是促进并提升与品牌识别相关的战略性决策。战略品牌分析需要三个视角，分别是顾客分析、竞争者分析和自我分析。[①] 在前期的研究分析中，这三个视角都需要全方位审视。

1. 顾客分析

顾客分析是品牌策划中至关重要的一环，它涉及两类顾客：品牌现有顾客和潜在顾客。通过深入分析消费趋势、消费动机、未被满足的需求以及新兴的细分市场等方面的信息，更好地了解顾客，为品牌策划和决策提供准确的依据。

一是消费趋势分析。消费者常常根据市场上的趋势做出购买决策，而一线品牌往往能引领消费趋势。然而，在小众市场中，常常存在着被强势品牌忽视的机会。因此发现顾客的消费趋势和新兴的细分市场，通过准确评估细分市场的规模和发展趋势，我们能发现顾客的消费趋势和新兴的细分顾客群，进而确定哪些市场细分具备商业战略价值，并为品牌在该细分市场上的占有率提供必要的研究依据。例如，根据行业报告的指引，我们可以了解到某些品类在特定市场上的消费趋势是增长还是下降，对品牌策略决策具有一定的参考价值。

二是顾客消费动机洞察。通过进行充分地顾客调研和访谈，我们

---

① ［美］戴维·阿克：《创建强势品牌》，李兆丰译，机械工业出版社 2019 年版，第 181 页。

能够挖掘出顾客购买行为背后的深层动机和需求，从而更好地满足他们的期望。在了解顾客消费需求和动机的过程中，我们可以从功能利益、情感利益和自我表达利益三个方面入手进行分析。例如，购买飘柔洗发水的动机是头发柔顺，购买海飞丝的动机是去除头皮屑。有时候，顾客购买某个产品并不完全是因为其产品特性，而更多的是因为该产品能够满足他们某种特定情境的需求。比如说，一个人购买奢侈品可能并非仅仅是因为其产品的功能和质量，更多的是为了展示自己的社会地位和身份认同，这是一种情感利益和自我表达利益的体现。顾客消费动机中隐藏着更加复杂和隐晦的需求，通过与顾客进行面对面的交流，我们能够更好地捕捉到这些微妙的差异，并且根据不同顾客的需求来制定相应的品牌策略。通过对顾客消费动机进行深入洞察，我们能够更加准确地把握顾客的期望，并且为品牌的发展提供有力的支持。

三是未被满足的需求分析。准确识别并深入理解顾客未被满足的需求对于品牌的成功起着关键作用。当顾客在谈论自己的消费体验时频繁提及痛点、痒点和爽点，我们应该高度重视这些词语的背后所蕴含的信息。顾客的需求是推动品牌成长的重要动力。

为了了解顾客的实际需求，品牌顾问会进行深入地访谈和认真地反馈分析。通过这些方法，我们可以准确捕捉到顾客所关注的问题和欲望，进一步了解顾客对产品或服务的期待和需求。这些未被满足的需求是品牌发展的宝贵机会。通过满足这些需求，品牌可以提供更优质的解决方案，与顾客建立更为紧密的情感联结。

痛点是顾客在消费过程中遇到的困难和问题，也是顾客最渴望解决的问题。品牌专家应该通过消除产品缺陷、改善服务流程等方式，满足顾客对于便捷、品质、高效的需求，从而提升顾客的消费体验。痒点则代表了顾客对产品或服务的渴望与期待。这些渴望可能包括创新功能、更舒适的体验或更个性化的定制等，品牌可以通过不断创新和提升产品或服务来满足这些需求，从而赢得顾客的青睐。同时，品牌专家还需要关注顾客的爽点，即顾客对产品或服务积极的评价和满意度。通过深入了解和分析顾客的爽点，品牌可以进一步提高顾客满意度。积极的爽点经验可以成为品牌的优势，帮助品牌在市场竞争中脱颖而出，并促成顾客口碑传播。

四是细分市场分析。细分市场分析是品牌策划过程中的重要环节。考虑到顾客的需求和消费动机的多样性，市场的细分可以说是没有止境的。每一类顾客需求都代表着一个潜在的市场细分。然而，并非每一个市场细分都具备规模化的商业价值。在确定最具价值的市场细分方案时，我们需要综合考虑多种因素，例如，新品类的市场规模、顾客认可度、实用性、价格接受度以及顾客的复购率等。

通过深入的消费者洞察，我们可以发现顾客真正需要的产品或服务，揭示他们对品牌的期待和渴望。这些未满足的需求往往具有巨大的战略价值，代表着重要的商业机会。因此，在品牌策划过程中，我们应该充分利用顾客的反馈和访谈结果，以便更好地满足顾客的需求，获得竞争优势。

市场细分的首要目标是识别潜在顾客群体，了解他们的特点、行为和需求。通过深入的市场调研和数据分析，我们可以将市场细分为具有相似特征和需求的群体，从而更有针对性地制定营销策略。在制定细分市场策略时，我们需要考虑到各个细分市场的潜在市场规模、增长潜力和市场竞争情况。这样可以帮助我们确定最具商业价值和成长潜力的细分市场，从而更好地满足顾客需求，实现品牌增长。

细分市场分析还可以为品牌找到新的增长点和机会。通过深入了解细分市场的消费者行为和心理，我们可以发现市场中的空白点和潜在需求。通过创新和差异化的产品或服务，品牌可以满足这些未被满足的需求，给消费者带来新的体验，从而赢得市场份额和品牌忠诚度。例如，汉庭酒店通过与顾客的访谈发现，顾客对住经济型商务酒店的“是否干净”非常重视。这一洞察启发了他们将“干净”作为核心特质来打造品牌形象，并成为经济型商务酒店中“干净”的代表。通过满足顾客对干净的渴望，汉庭酒店成功建立了品牌联想，赢得了顾客的信任和忠诚。

2. 竞争者分析

竞争者分析是品牌策划中不可或缺的步骤。通过对竞争者的深入分析，我们可以不仅评估当前市场的情况，更重要的是避免与强势品牌直接竞争，寻找差异化的发展路径。竞争者分析需要从以下几个方面入手，以帮助我们制定有效的竞争策略。

首先，了解竞争者的品牌心智定位。通过对竞争品牌的产品品类、特质、广告创意等方面进行分类和调研，我们可以形成一个“品牌竞争——品类或特质”清单。这样一来，我们可以评估每个品牌心智定位的难度，并为竞争战略的选择提供依据。在市场竞争激烈的情况下，如果赛道上竞争者众多、竞争品牌实力雄厚，或者竞争对手的定位非常精准，我们就需要考虑另辟蹊径，寻找差异化的发展路径。

其次，进行竞争者的优势和劣势分析。明智的战略制定者知道，与强势品牌直接对抗是非常危险的，往往得不偿失。因此，我们需要通过对竞争者的深入了解，分析他们的优势和劣势。如果我们发现竞争对手存在薄弱点，并且市场潜力足够大，就可以站在竞争者的对立面，将对手的弱点转化为自身品牌的优势，这样更容易取得成功。

最后，了解顾客对竞争品牌的看法。顾客对竞争品牌的看法包括功能利益、情感利益、品牌个性、顾客关系等方面。了解竞争对手的顾客对品牌的看法对建立品牌差异化优势至关重要。我们可以通过顾客访谈和广告画面分析等方式获取顾客的意见和反馈。此外，通过定性和定量的顾客调研方法，我们还可以获得竞争对手的品牌形象信息，这有助于我们更好地了解市场需求，制定出更具针对性的品牌策略。

3. 自我分析

自我分析在品牌策划中扮演着至关重要的角色。通过自我分析，我们可以深入了解企业的历史和现实情况，品牌价值观、企业实力、行业局限性以及天赋优势等。这些因素对于制定成功的品牌策略至关重要，它们可以帮助我们抓住品牌的精髓与灵魂，并确保企业拥有足够的决心、实力和资源来打造强势品牌。

首先，在自我分析中，我们应该关注顾客对品牌的看法和联想。通过分析顾客眼中品牌与竞争对手的差异，我们可以发现品牌的优势领域和弱势之处。此外，我们还需要了解品牌能为顾客提供何种利益（包括功能利益、情感利益和自我表达利益），以及顾客如何体验和感知这些利益。通过了解品牌的个性和风格与竞争对手的区别，我们可以更好地把握品牌的差异化优势。

其次，在自我分析过程中，我们还需进行品牌的优势和劣势分析。评估企业的擅长领域、弱点、实力和发展趋势，有助于企业基于现实制定切实可行的发展目标。在进行品牌优势和劣势分析时，我们需要客观地看待这些因素，既立足现在，又敢于展望未来。这样的分析将有助于企业制定优先发展的品牌计划，并确定合理的品牌目标和愿景。尤其需要重点关注品牌的优势和擅长领域，因为品牌现有的优势有可能成为品牌核心识别或品牌心智定位的重要价值点。

最后，在自我分析中，我们还应关注品牌的传统和价值观。了解企业的发展历程、品牌的创建过程以及创始人经营过程中所沉淀下来的品牌文化，将有助于我们发现品牌的基因或精髓。品牌的传统和价值观是品牌识别系统的核心要素。强势品牌往往具备卓越的价值观。通过坚守那些卓越的价值观和与众不同的品牌特质，品牌能够不忘初心，再创辉煌。

自我分析在品牌策划中扮演着至关重要的角色。通过深入了解企业的历史和现实情况，品牌的价值观和优势，以及顾客对品牌的看法，能够帮助企业建立清晰的定位和发展战略，并为品牌的成功奠定坚实基础。只有通过深入自我分析，企业才能在竞争激烈的市场中找准自己的定位，打造出具有差异化优势的品牌。

三　品牌识别系统

在第二章中，已经详细介绍了品牌识别系统，本节主要侧重于具体的操作步骤。一般而言，品牌识别系统的建构包括四个步骤，分别是全面审视品牌识别的四个维度、梳理品牌识别的结构（七大核心要素）、形成一份完整的品牌识别说明书以及起草一段品牌价值主张并提炼一句用于传播的品牌口号。通过以上四个步骤的操作，可以有效构建一个结构化的品牌识别系统，并确保品牌在不同渠道和场景中的统一性和可识别性。

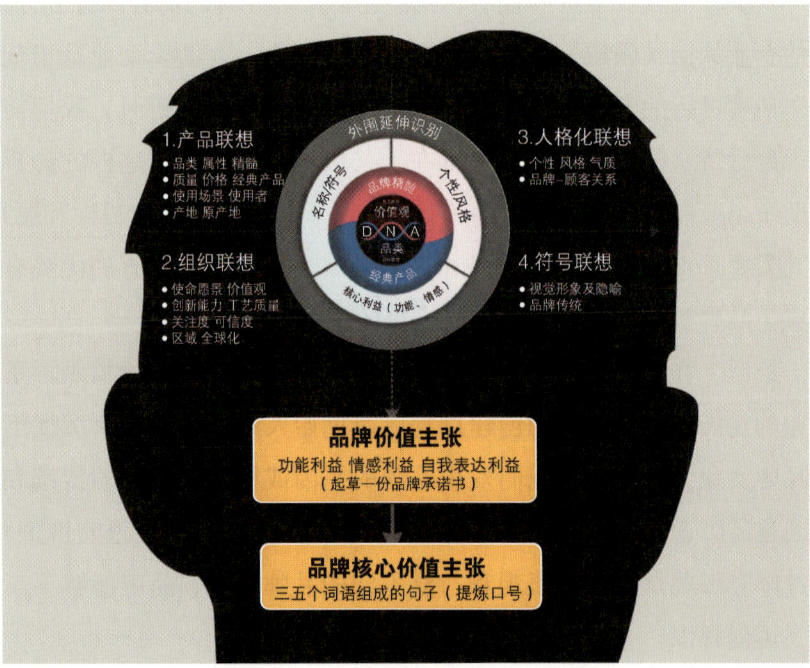

图 5－2　品牌识别系统的操作步骤

1. 全面审视品牌识别的四个维度：四类品牌联想

品牌识别系统的建构，要求规划者需要同时关注企业对品牌识别的创建和顾客对品牌的认知和联想。为了确保系统化地建立品牌识别系统，规划者需要从四个维度审视品牌，分别是基于顾客的组织联想、产品联想、人格化联想和符号联想。

一是产品识别——基于顾客的产品联想。全面审视与产品相关的各种识别要素，包括品类、属性、质量、价格、经典产品、使用场景、使用者、产地等因素，哪些产品要素能够在顾客心智中产生强烈的联想。二是组织识别——基于顾客的组织联想。重点关注企业的使命、愿景、价值观以及创新能力、生产工艺和质量、可信度等，这些要素将对顾客产生重要影响，塑造顾客对组织的认知和联想。三是人格化识别——基于顾客的个性风格联想。重点关注品牌的使用者形象，以及品牌在顾客心智中的个性、风格和气质。通过塑造与顾客价值观和需求相契合的品牌形象，建立密切的“品牌—顾客”关系。四是符号识别——基于顾客的符号联想。审视品牌的名称、标志、IP 形象以及其他各类符号，特别是视觉符号的联想。这些符号将在顾客大脑中引发各种联想和情感反应，对品牌识别起到关键作用。

在进行品牌识别策划时，策划者需要全面审视这四个维度，并根据品牌的实际情况和调研分析来确定具体的识别要素。另外，不同的品牌识别维度和具体要素不尽相同，对某些品牌而言，可能只有一两个维度是可行的。因此，策划者在规划品牌识别的要素时，需要有针对性地选择适合品牌的维度和要素，并确保这些要素与顾客的品牌联想相契合，以便建立出适合品牌发展的品牌识别系统。

2. 梳理品牌识别的七大核心要素，形成一份完整的品牌识别说明书

品牌识别的核心共有七大要素，包括价值观、品类、品牌精髓、经典产品、名称符号、个性风格和品牌核心价值主张。这些要素呈“洋葱型”结构，由内而外逐渐展开。品牌基因包括价值观和品类，是品牌的灵魂；品牌印记包括品牌精髓和经典产品，是品牌在顾客心中留下的记忆，既展示了品牌的独特之处，也传达了品牌的历史和价值。显性外围识别则是品牌在外部显现的元素，包括名称符号、个性

风格和品牌核心价值主张。这种结构清晰地描绘了品牌识别的要素，并凸显了每个要素的价值和意义（见图5-2）。

为了企业更好地管理品牌识别，需要一份完整的品牌识别说明书。说明书将品牌识别元素进行结构化地梳理，以便企业能够清晰地了解和管理品牌识别系统。通过这份说明书，企业可以清楚地定义和解释每个品牌识别要素的含义、关系和作用。

通过对品牌识别的七大核心要素的梳理和形成完整的品牌识别说明书，企业可以更好地理解和管理自身的品牌识别系统。因此，品牌专家和策划者在品牌识别规划过程中应当重视这些关键要素的梳理和说明书的编写，以保证品牌的一致性和长远发展。

3. 起草一段品牌价值主张，提炼一句品牌传播口号

品牌价值主张是一份品牌承诺书，也是一段简洁的品牌陈述。它通过简洁明了的文字向消费者传递品牌的功能利益、情感利益或自我表达利益，旨在建立稳固的“品牌—顾客”关系。某些品牌会以网络平台和宣传品为媒介，明确向消费者展示自己的品牌承诺，以突显品牌的独特价值。

为了更好地传播品牌价值主张，我们需要通过提炼和修辞，创作一个简洁而具有消费驱动力的传播口号。口号能够在瞬间抓住人们的注意力，形成品牌记忆点，并促使购买行为发生，从而加强品牌的营销传播，提升品牌的知名度和市场影响力。为实现这一目标，我们要深入挖掘品牌的核心价值，并将其巧妙地转化为简洁而引人入胜的口号，吸引目标消费者的关注。

通过精确概括品牌价值主张并运用巧妙的修辞技巧，我们可以创作一个具有消费驱动力的口号。一个成功的口号应该简练、明确且富有感染力，能够与目标消费者产生共鸣并激发其购买欲望。常见的品牌口号由三五个词语组成的简洁句子构成，简洁的品牌口号更利于传播。

四　品牌心智定位

品牌心智定位的目标是开发潜在顾客，旨在将品牌打造成为顾客心智中某个细分品类或某种特质的代表品牌，使其成为潜在顾客的首选，抢占和扩大市场份额。第三章已经详细介绍了品牌心智定位，因此不再赘述，本节将重点强调具体的操作步骤。

品牌心智定位的核心原则包括三个方面。首先，我们需要进行三大洞察。这意味着我们必须深入洞察竞争对手、潜在顾客以及自身品牌的情况，通过这些洞察来把握市场环境和竞争态势。其次，我们需要根据自身品牌在顾客心智中的地位（相对于竞争对手）来选择不同的定位策略。一种选择是领先者的定位，另一种选择是是非领先者的定位。根据不同的定位策略制定不同的心智定位。最后，一个关键的原则是找到一个独特的定位概念，以此来塑造消费者对品牌的联想与认知。通过遵循这三个原则，我们可以建立有效的品牌心智定位，从而提升品牌的竞争力。

品牌心智定位的过程可分为四个关键步骤。

第一步：竞争对手分析。在这一步骤中，策划者需要仔细分析竞争对手的地位，并深入了解他们的优势和劣势。

第二步：确定心智定位。策划者应该找到能够与潜在顾客心智产生共鸣的品牌差异化概念，并以此为基础来确立定位。这个定位概念必须要么成为顾客心智中的首选，要么成为独一无二的存在，以确保吸引潜在顾客的注意。

第三步：创作心智定位的传播口号。策划者需要用简洁的一句话来表达品牌的定位，以传达品牌的竞争优势，赢得顾客的选择。

第四步：为定位寻求可靠的信任证明。策划者需要通过事实和数据向潜在顾客证明品牌定位的可信度和差异化的价值，使消费者能够感知并接受品牌差异化的特质，并牢固地占据在顾客心智。（详见第

三章品牌心智定位的相关内容）

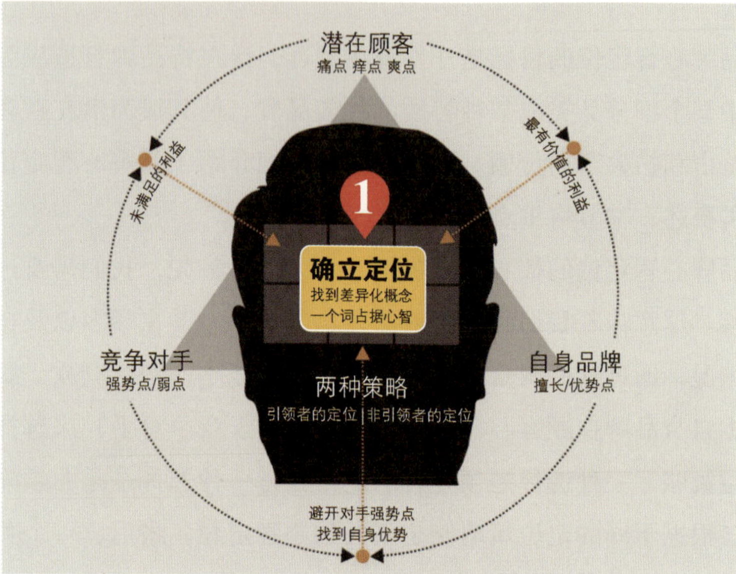

图5-3　品牌心智定位操作流程

五　品牌识别设计

品牌识别设计是对外传播的相关设计，是品牌传播具体应用的设计，主要包括品牌命名、标志、视觉象征符号和应用规范等。

1. 品牌命名

在第四章中，我们已经详细介绍了品牌命名的原则和流程。为了避免重复，下面简要总结一下品牌命名的步骤：首先是目标设定，明确品牌命名的目标和预期效果；其次是创意命名，通过创造性思维来找到与品牌定义相符且具有个性化的品牌名称；然后是分类和筛选，将所有的候选名称进行整理和筛选，以便进一步地考察；接着是调研和测试，通过市场调研和测试反馈来评估候选名称的可行性和接受度；最后是最终确认，选择最佳的品牌名称，并进行必要的法律和商标检查。

2. 标志设计

在第四章中，我们已经详细介绍了品牌标志设计的流程和方法。在这里，我们简单回顾一下。品牌标志设计需要遵循以下基本原则：识别性、简洁直观、个性风格、形式美和可注册。整个流程可以分为四个步骤：

第一步：调研分析，这一步旨在收集和分析相关信息，为标志设计提供指导和策略；

第二步：要素挖掘，通过分析品牌的核心要素和符号表现形式，来确定标志的基本构成元素；

第三步：标志创意设计，通过创造性思维和设计技巧，将要素挖掘得到的元素进行创意和设计，创造出具有独特性和识别性的标志；

第四步：标志修正和规范化，通过反复修订和调整，确保标志符合规范和设计要求。

3. 视觉符号的开发

视觉符号的提取方法已在第四章进行了详细介绍，以下简要总结一下。视觉象征符号的主要任务是将抽象的语言转化为高能量的视觉符号，以达到引发顾客品牌联想的效果。具有高识别性和高能量的视觉象征符号可以隐喻品牌价值，引发顾客对品牌的联想。在品牌策划和设计中，经常利用人们熟悉的事物作为视觉象征符号，策划设计者可以通过运用人们熟悉的形状、颜色、人物、动物以及独特的产品和包装等来开发品牌的视觉象征符号。此外，也可以从自然符号、公共规则符号以及文化象征符号的角度来思考如何提取最有价值的视觉符号。在提取视觉符号时，需要注意符号与品牌的一致性，以及符号与品牌定位的契合程度。

4. 品牌视觉识别系统：视觉识别指南

第四章详细介绍了品牌视觉识别系统，即视觉识别指南。以下是对该系统的简要总结。品牌视觉识别系统由四个部分组成，包括品牌定义（品牌基因、品牌核心价值、品牌个性等）、品牌标志、基础系统和应用系统。基础系统部分包括基本标志规范、品牌专用字、品牌色、辅助图形等。应用系统部分包括办公系统规范、广告系统规范、数字多媒体系统规范、印刷系统规范、展览展示系统规范以及环境导视系统规范等，这些规范涵盖了各种与顾客进行接触的方式。不同品牌与顾客的主要接触点各不相同，因此每个品牌都应根据自身的接触点来制定品牌视觉识别指南的目录和清单，以确保品牌视觉识别系统具有较强的指导意义和价值（详细内容请参见第四章）。

六　品牌识别与设计案例

紫菘·洪山菜薹品牌识别与设计项目

洪山菜薹，湖北省武汉市洪山区特产。中国国家地理标志保护产品。洪山菜薹是紫菜薹的珍稀品种，俗称红菜薹，又名“紫菘”。因其原产于湖北省武汉市洪山区一带而得名。洪山菜薹距今已有1700多年的栽培历史，在先秦文献即有“正月采苔、二月荣芸”的记载。东汉、三国时期，已是普遍食用的蔬菜。唐代，洪山菜薹已经是著名的蔬菜，历来是湖北地方向皇室进贡的特产。传说正宗的洪山菜薹产在宝通寺钟声所及之处。2004年，洪山区政府将80余亩原产地纳入保护“红线”，只许种菜，不许开发。

紫菘·洪山菜薹品牌识别与设计旨在将洪山菜薹打造成具有地方特色和文化内涵的文化食材，实现让洪山菜薹“昔日金殿御膳菜，走入寻常百姓家”的品牌愿景。将洪山菜薹推广至全国，让全国消费者都可以品尝到武汉特色的高档食材。

图 5-4　紫菘·洪山菜薹品牌识别与设计提案

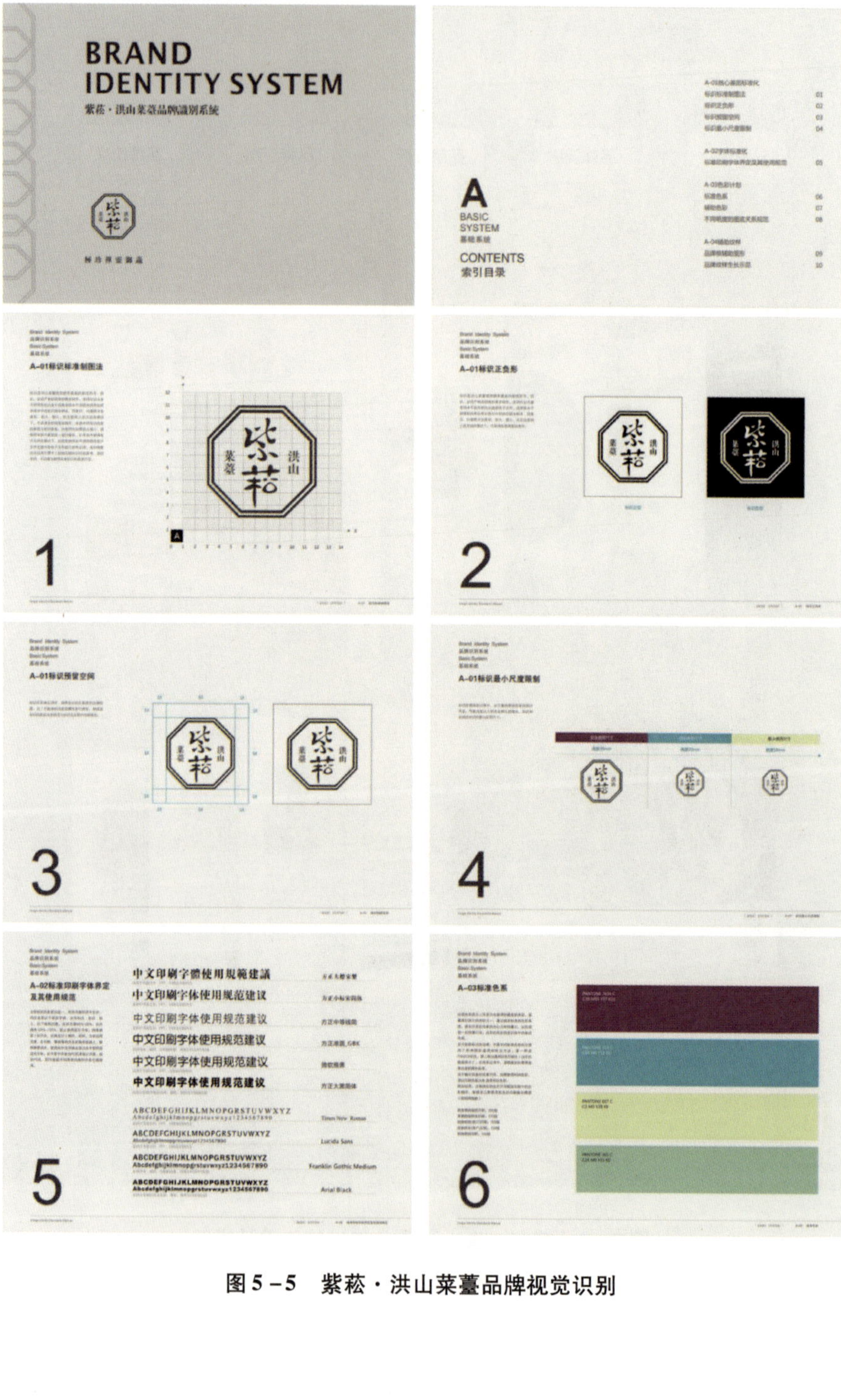

图 5-5　紫菘·洪山菜薹品牌视觉识别

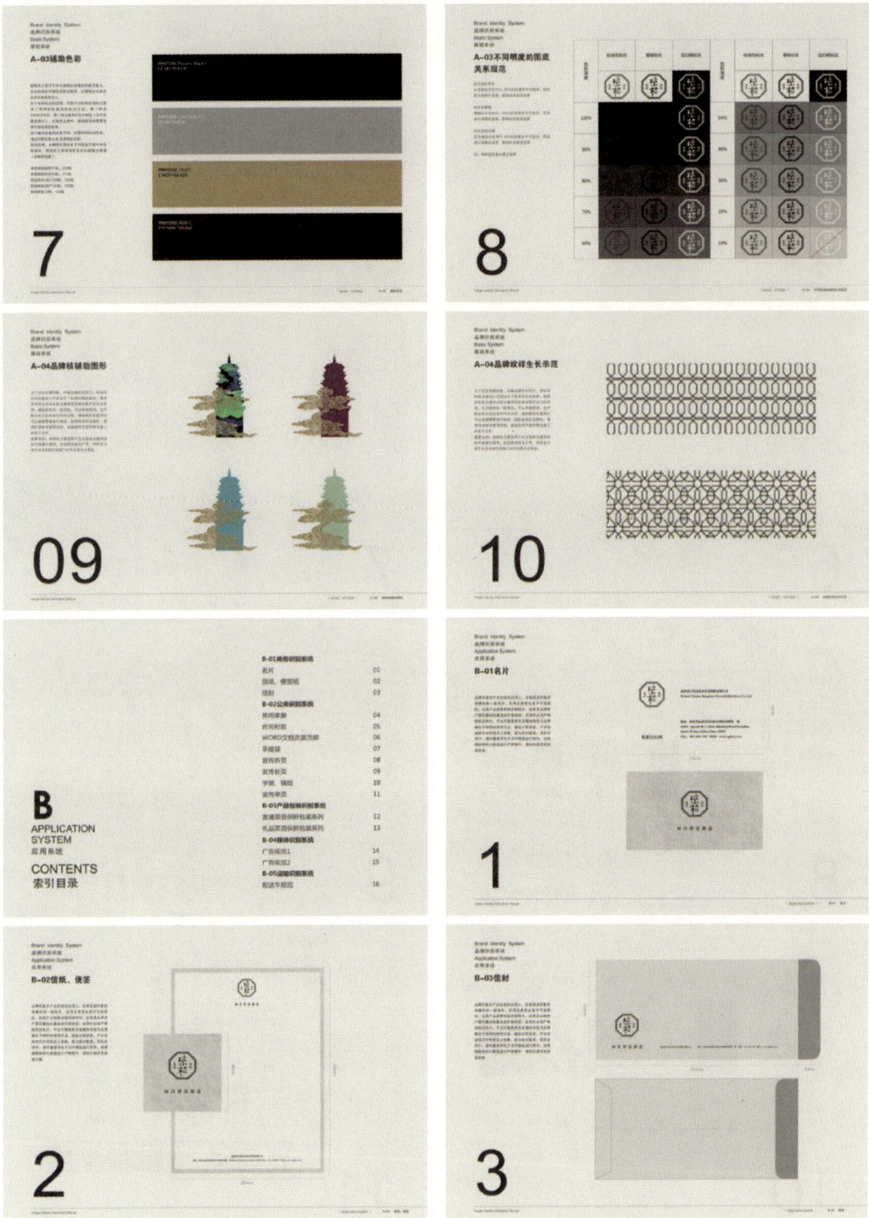

图 5－6　紫菘·洪山菜薹品牌视觉识别

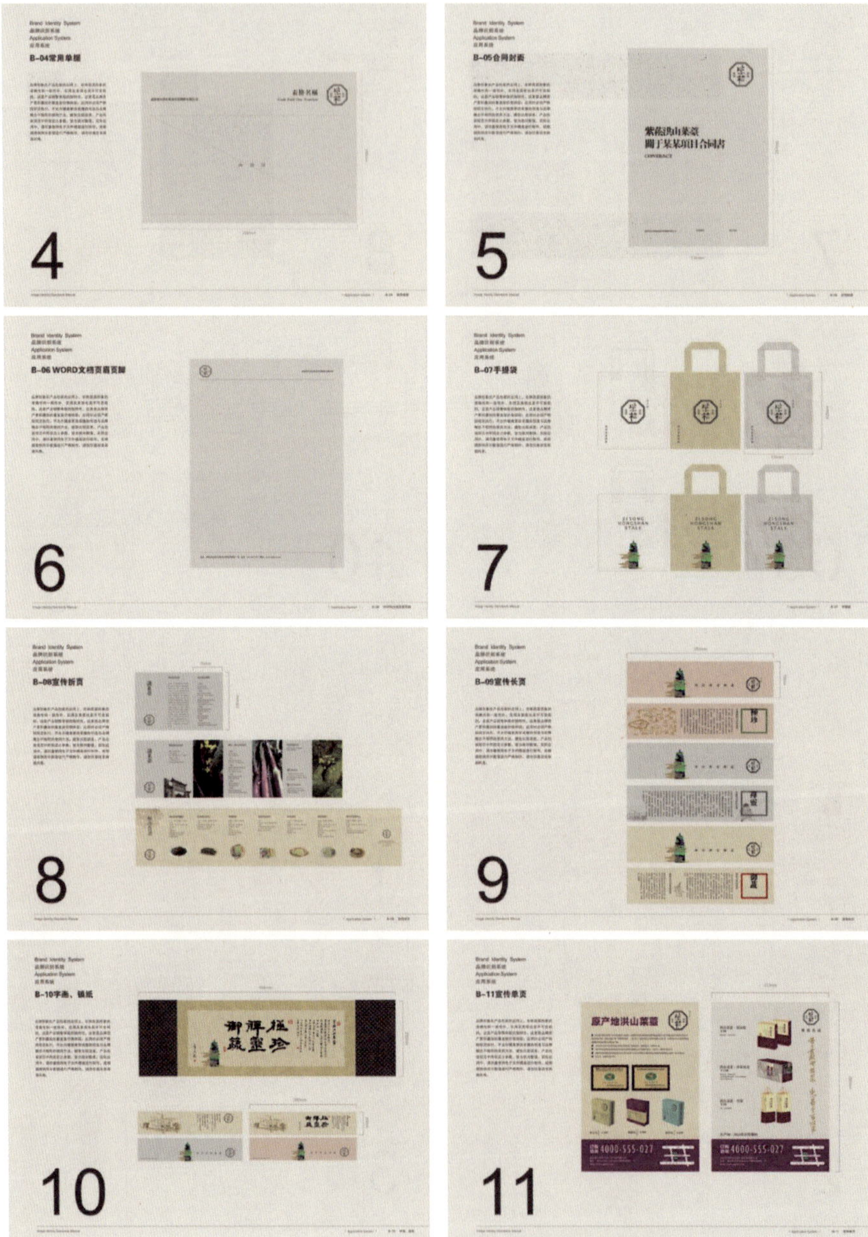

图 5－7　紫菘·洪山菜薹品牌视觉识别

图 5－8　紫菘·洪山菜薹品牌视觉识别

参考文献

一 中文文献

安青虎：《驰名商标和中国的驰名商标保护制度》，商务印书馆 2009 年版。

鲍建强：《乡村特色产品品牌化：企业与顾客、政府协同战略》，《中南民族大学学报》（人文社会科学版）2022 年第 11 期。

陈尧坤、陈毅文：《企业形象研究综述》，《心理学动态》1999 年第 1 期。

邓德隆：《品牌定位：在顾客心智中完成注册》，《品牌》2005 年第 3 期。

郝永华：《知识使用：重新定义框架概念的一种视角》，《新闻与传播研究》2022 年第 9 期。

何佳讯、卢泰宏：《中国文化背景中的消费者——品牌关系：理论建构与实证研究》，《商业经济与管理》2007 年第 11 期。

何佳迅：《战略品牌管理》，中国人民大学出版社 2021 年版。

华杉、夏晓燕：《华与华使用说明书》，江苏凤凰文艺出版社 2020 年版。

黄升民、赵新利、张驰：《中国品牌四十年》，社会科学文献出版社 2019 年版。

卢宏泰：《品牌思想史》，机械工业出版社 2020 年版。

马瑞光：《商业新突破：万利连锁》，中华工商联合出版社 2020 年版。

王直上：《品牌创造增长》，中信出版社 2020 年版。

徐阳、刘瑛：《CIS 品牌识别设计》，上海人民美术出版社 2018 年版。
袁登华、杨双：《品牌印象研究述评》，《心理科学》2012 年第 4 期。
张毅、王立峰：《标志与 CIS 设计》，重庆大学出版社 2018 年版。
赵洁：《广告经营与管理》，厦门大学出版社 2007 年版。
赵毅衡：《符号学原理与推演》修订本，南京大学出版社 2016 年版。
郑文坚：《市场营销学原理》，厦门大学出版社 2017 年版。
《中华人民共和国商标法》，国务院公报 2001 年。

二　译著

［美］Alina Wheeler：《品牌识别设计：给整个品牌化团队的重要指南》，高杨译，电子工业出版社 2014 年版。
［美］艾·里斯、杰克·特劳特：《商战》，邓德隆等译，机械工业出版社 2018 年版。
［美］艾·里斯、杰克·特劳特：《22 条商规》，寿雯译，机械工业出版社 2013 年版。
［美］艾·里斯、杰克·特劳特：《定位》，邓德隆等译，机械工业出版社 2017 年版。
［美］艾伦·亚当森：《品牌简单之道》，姜德义译，中国人民大学出版社 2007 年版。
［美］芭芭拉·卡恩：《沃顿商学院品牌课》，崔明香等译，中国青年出版社 2014 年版。
［美］大卫·奥格威：《奥格威谈广告》，曾晶译，机械工业出版社 2016 年版。
［美］戴维·阿克：《创建强势品牌》，李兆丰译，机械工业出版社 2019 年版。
［美］戴维·阿克：《管理品牌资产》，吴进操、常小虹译，机械工业出版社 2019 年版。

[美] 戴维·阿克:《开创新品类》,杨岱若译,机械工业出版社 2020 年版。

[美] 戴维·阿克:《品牌标签故事》,高小辉译,机械工业出版社 2020 年版。

[美] 戴维·阿克、王宁子:《品牌大师》,陈倩译,中信出版集团 2019 年版。

[美] 戴维·阿克、埃里克·乔基姆塞勒:《品牌领导》,耿帅译,机械工业出版社 2019 年版。

[美] E. Bruce Goldstein:《认知心理学:心智、研究与你的生活》,张明译,中国轻工业出版社 2020 年版。

[美] 菲利浦·科特勒、凯文·莱恩·凯勒、亚历山大·切尔内夫:《营销管理》,陆雄文等译,中信出版集团 2022 年版。

[日] 冈崎茂生:《品牌战略进化论》,赵新利等译,中国传媒大学出版社 2019 年版。

[德] 凯-乌韦·黑尔曼:《品牌社会学》,吕律等译,上海三联书店 2019 年版。

[美] 凯文·莱恩·凯勒、沃妮特·斯瓦米纳坦:《战略品牌管理(第 5 版):创建、评估和管理品牌资产》,何云、吴水龙译,中国人民大学出版社 2020 年版。

[美] 克莱顿·克里斯坦森等:《与运气竞争》,靳婷婷译,中信出版社 2018 年版。

[德] 克劳塞维茨:《战争论》,中国人民解放军军事科学院译,解放军出版社 1994 年版。

[美] 马丁·林斯特龙:《感官品牌》,赵萌萌译,中国财政经济出版社 2016 年版。

[美] 玛格丽特·马克、卡罗尔·皮尔森:《如何让品牌直击人心:品牌的 12 个心理原型》,侯奕茜译,中信出版集团 2020 年版。

［美］迈克尔·所罗门：《消费者行为学》，杨晓燕译，中国人民大学出版社 2018 年版。

［美］乔治·莱考夫：《别想那只大象》，闾佳译，浙江人民出版社 2013 年版。

［法］让-诺埃尔·卡普费雷尔：《战略品牌管理》（第 5 版），何佳讯等译，中国人民大学出版社 2020 年版。

［美］史蒂芬·平克：《心智探奇》，郝耀伟译，浙江人民出版社 2016 年版。

［美］托马斯·彼得斯：《寻求优势：美国最成功公司的经验》，管维立译，中国财政经济出版社 1985 年版。

［英］印德：《企业形象——有效的企业身份战略》，陈朝生、肖永英译，广东旅游出版社 1992 年版。

三　外文文献

Aaker David A. , *Erich Joachimsthaler*: *Brand Leadership*: *Building Assets in an Information Economy*, The Free Press, 2009.

Barsalou, L. W. , "Concepts: Structure", in A. E. Kazdin, ed. , *Encyclopedia of psychology*, New York: Oxford University Press, 2000, Vol. 2.

Gardner, B. B. & Levy, S. J. , *The Product and Brand*, Harvard Business Review, 1955.

Gerald Zaltman, "Rethinking Market Research: Putting People Back In", *Journal of Marketing Research*, November 1997.

Kapferer, J. N. , *Strategic brand management*, London: Kogan Page, 1992.

Park, C. W. , Jaworski, B. J. , MacInnis, D. J. , *Strategic brand concept-image management*, Journal of Marketing, 1986.